초등학교 어학원 방과후영어전
완전기초영어 배우기 왕초보영어교재

정용재

한글영어

한글만 알면 혼자서 가능해요!

영어학원 가기전 이 책 한 권이면 영어읽기, 영어단어, 영어해석과
영어스펠링, 영어문법 완전 해결!
단어암기와 문장해석이 어렵다면, 먼저 영어읽기부터 시작하세요.

*** f 발음, v 발음, r 발음 걱정 없는 영어책**

한글로 영어발음을 표시했지만 영어의 발음을 걱정하지 마세요.
f, v, r 을 프, 브, 르 로 표시해서 p, b, l 의 ㅍ, ㅂ, ㄹ 과 구분토록 했습니다.

*** 모든 영어문장 원어민 음성 제공**

큐알코드 또는 한글영어 카페주소로 방문하면 다운로드 가능합니다.
http://cafe.naver.com/korchinese/17544

*** 500년의 역사를 가진 한글로 배우는 외국어**

세종대왕의 지시로 집현전에서 중국어, 일본어 한자 밑에 한글로 발음을 적은 외국어교재를
만들어서 조선시대 500년 동안 통역관들이 공부한 방법이 바로 한글로 배우는 외국어학습법으로,
관련 자료는 인터넷에서 쉽게 찾을 수 있습니다. 우리의 소중한 역사를 바로 알아서
자긍심을 가질 수 있길 바랍니다.

영어학원 가기전 초등영어공부 혼자하기 100일 ❷
(초등학교 어학원 방과후영어전 완전기초영어 배우기 왕초보영어교재)

발행일 2018년 03월 31일
지은이 정용재
펴낸이 정용재
펴낸곳 ㈜한글영어
주소 경기도 안양시 동안구 벌말로 123, A동 1111호(평촌스마트베이)
전화 070-8711-3406
등록 제385-2016-000051호
홈페이지 http://한글영어.한국

디자인 루시드-i 02-2275-5756
인쇄 씨에이치피앤씨 (CH P&C) 02-2265-6116

ISBN 979-11-88935-03-1 (63740)

머리말

영어교육을 빈익빈 부익부의 대명사처럼 말합니다만 방법에 따라서는 그렇지 않을 수 있습니다. 본인의 영어교육의 목표를 정확히 세우고 공부방법을 달리하면 여러분이 원하는 목표를 달성하면서도, 큰 비용을 들이지 않을 수 있습니다.

1. 언어로써 영어를 잘하고 싶다면,

언어로써 영어를 공부하는 방법은 아주 간단합니다. 여러분이 좋아하는 영상물을 몇가지 선택해서 열심히 보거나 한글영어로 하면 됩니다. 이 때 최우선의 목표는 영어듣기를 완성하는 것입니다. 영어듣기 완성이란 이해가 아닌 듣고 따라 말할 수 있는 것을 말합니다. 말하기가 결코 아닙니다. 또한 영어문자교육을 절대로 해서도 안됩니다. 해야 할 것과 하지 말아야 할 것을 철저히 지킬 수 있어야만 듣고 말하는 영어를 할 수 있습니다. 그렇지 않고 무조건 열심히 한다면, 돈과 시간만 들이고 실패할 수 밖에 없습니다.

2. 학습으로써 영어를 잘하고 싶다면,

학습으로써 영어를 공부하는 방법도 아주 간단합니다. 우선 알파벳을 배운 다음에 발음기호를 확실하게 배웁니다. 절대로 파닉스가 아닙니다. 한국처럼 영어환경이 아닌 경우에는 스스로 단어를 읽을 수 있도록 발음기호를 가르치고 배워야 합니다. 파닉스교육은 미국처럼 영어 환경에서나 가능한 방법입니다. 발음기호를 배우게 되면 영어단어를 읽고 쓰는데 어려움은 없습니다. 그 이후에 중요한 것은 많은 어휘의 암기입니다. 그리고 짧은 영어문장부터 긴 문장까지 스스로 해석해보는 훈련을 하는 것입니다.

본 교재는 학습으로써 영어를 배우는 용도로 만들어졌습니다. 영어를 처음배우는 학생들이 혼자서도 읽고, 쓰고, 단어를 외우고, 문장을 해석하는 훈련을 할 수 있도록 만들었습니다. 이 책으로 기본을 쌓은 후, 어휘와 독해능력을 키우기 바랍니다.

차 례

초등영어공부혼자하기 공부방법

1. 영어읽기 : 영어문장과 한글발음을 보고 읽는 방법 연습

좌측의 영어문장과 한글발음을 보고 읽는 연습을 합니다.
그 후 제공되는 원어민 음성을 들으면서 최대한 모방한다는 마음으로 따라 읽습니다.

1 What is the **reason** you study English?

왓 이즈 더 뤼즌 유 스떠디 잉글리쉬?

1) 우리에게 익숙하지 않은 f , r , v 발음은 프, 르, 브 으로 표기함으로써, p, b, l 의 ㅍ, ㅂ, ㄹ과 구분토록 했습니다.
2) out of 를 [아우러브] 로 표기한 것처럼 영어의 연음을 최대한 살렸습니다.
3) sky를 [스까이]로 표기한 것처럼 최대한 실제 사용하는 소리에 가깝도록 했습니다.

2. 영어읽기 : 영어문장을 보고 자기주도학습으로 읽어보기

우측의 영어문장을 보고 스스로 읽어 보는 연습을 합니다.

1 What is the **reason** you study English?

무엇 ~입니까? 이유 너 공부하다 영어

3. 영어의미, 문장해석 : 단어의 의미를 참고해서 해석후 단어 의미 암기하기

우측에 있는 영어문장 밑의 한글의미를 활용해서 문장해석을 합니다.
모르는 경우에는 부록에 있는 '한글해석'을 참조하도록 합니다.

1 What is the **reason** you study English?

무엇 ~입니까? 이유 너 공부하다 영어

4. 영어의미, 문장해석 : 영어문장속의 단어를 보고 의미를 말하기

좌측에 있는 영어문장을 보고 스스로 해석한 것을 적용해서 말하고 단어나 문장의 의미를 암기합니다.

1 What is the **reason** you study English?

왓 이즈 더 뤼즌 유 스떠디 잉글리쉬?

5. 단어암기 : 부록의 영어단어를 보고 한글의미 말하기

매일 정해진 분량을 학습후 부록에 있는 "영어단어"에 있는 영어단어를 복습하도록 합니다. 한글의미가 있는 부분을 가린 후 영어단어를 보고 얼마나 의미를 말할 수 있는지 해봅니다. 그리고 제공되는 원어민의 음성을 들으면서 따라 읽어봅니다.

번호	영어단어	한글의미
1 일차		
1	what	무엇
2	reason	이유
3	you	너
4	study	공부하다
5	English	영어

번호	영어단어	한글의미
1 일차		
1	what	
2	reason	
3	you	
4	study	
5	English	

6. 영어스펠링 : 영어발음을 읽으면서 영어스펠링 연습하기

1 What is the **reason** you study English?

왓 이즈 더 뤼즌 유 스떠디 잉글리쉬?

※반드시 영어단어를 소리내어 읽으면서 영어단어를 써보도록 합니다.

영어 발음기호 읽는 법

번호	발음기호	발음	번호	발음기호	발음
1	[a]	아	26	[k]	ㅋ
2	[e]	에	27	[g]	ㄱ
3	[æ]	애	28	[f]	ㅍ
4	[i]	이	29	[v]	ㅂ
5	[ɔ]	오	30	[θ]	ㅆ
6	[u]	우	31	[ð]	ㄷ
7	[ə]	어	32	[s]	ㅅ
8	[ʌ]	어	33	[z]	ㅈ
9	[a:]	아:	34	[ʃ]	쉬
10	[i:]	이:	35	[ʒ]	쥐
11	[ɔ:]	오:	36	[tʃ]	취
12	[u:]	우:	37	[dʒ]	쥐
13	[ə:]	어:	38	[h]	ㅎ
14	[ai]	아이	39	[r]	ㄹ
15	[ei]	에이	40	[m]	ㅁ
16	[au]	아우	41	[n]	ㄴ
17	[ɔi]	오이	42	[ŋ]	ㅇ
18	[ou]	오우	43	[l]	ㄹ
19	[iər]	이어	44	[j]	이
20	[ɛər]	에어	45	[w]	우
21	[uər]	우어	46	[wa]	와
22	[p]	ㅍ	47	[wɔ]	워
23	[b]	ㅂ	48	[ju]	유
24	[t]	ㅌ	49	[dʒa]	좌
25	[d]	ㄷ	50	[tʃa]	촤

1. 발음기호 교육의 필요성

영어단어를 읽기 위한 방법에는 두가지가 있습니다.

1) 아는 사람에게 확인해서 읽을 수 있습니다.
2) 영어사전을 보고 스스로 읽을 수 있습니다.

1번이 되려면 조건이 필요합니다.
항상 물어볼 사람이 있어야 하고, 영어발음을 들어서 깨우칠 정도로 듣기훈련이 선행되어야 합니다.

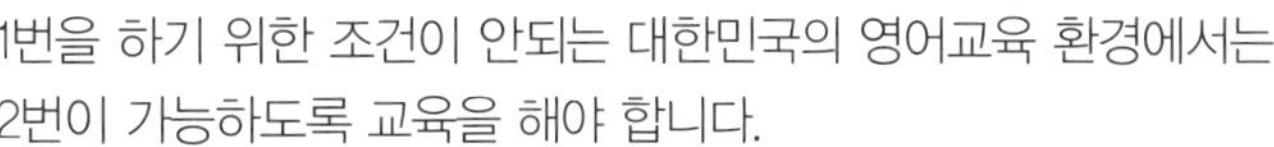

1번을 하기 위한 조건이 안되는 대한민국의 영어교육 환경에서는 2번이 가능하도록 교육을 해야 합니다.

그것이 바로 영어 발음기호 교육입니다.

예제 1. night [nait] 나잍
2. train [trein] 트레인

파닉스는 영어단어를 어떻게 읽을지 추측하도록 도와주는 역할에 불과하기 때문에, 최소한 한번이라도 정확하게 발음기호로 영어단어를 읽어본 후 파닉스를 적용할 수 있도록 해야 합니다.

2. 발음기호 + 파닉스

발음기호와 함께 다음 7개의 파닉스만 알아두면 영어읽기와 쓰기에 도움이 됩니다

ee : 이, oo : 우, er : 어, ng : ㅇ,
sh : 쉬, th : ㄷ, ㅆ, ch : 취

예제 sing ㅅ ㅣ ㅇ ⋯→ 싱
teacher ㅌ ㅣ 취 ㅓ ⋯→ 티춰

* 더욱 자세한 내용은 **"파닉스가 아니라 발음기호가 정답이다"** 책을 참조하세요.

영어 스펠링(철자) 암기하는 법

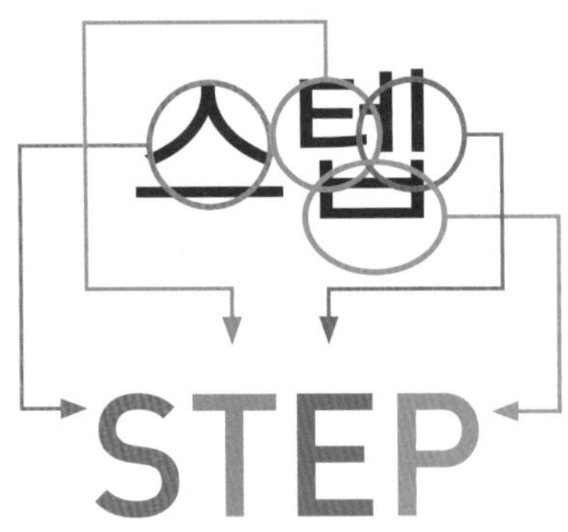

영어단어를 읽거나 쓸 때는
아까 뭐라고 읽었지?
뭐라고 썼지가 아니라
바로 눈앞의 글자의 알파벳이
무슨 소리가 나는지 생각해서
조합해서 읽어야 하며,
바로 들은 영어소리의 알파벳을
하나씩 생각해서 순서대로
쓰려고 해야 합니다.

가르치는 사람도 학생에게
아까 뭐라고 읽었는지,
뭐라고 썼는지 생각하도록 해서는
아무런 도움이 안된다는 것을
알 필요가 있습니다.

영어듣기는 훈련으로 완성이 되지만
영어읽기와 쓰기는 요령을 깨닫는 것으로 완성됩니다

영어스펠링 암기는 굳이 깜지를 쓰면서 외워야 할 것이
절대로 아닙니다.

철자를 암기하는 원리만 깨달으면 됩니다.

"영어소리에 맞는 알파벳을
순서대로 생각해서 쓴다"

예를 들어

선생님이 "스텝"을 쓰라고 한다면, 흔히 어렸을 때나 철자 쓰는 법을 모르는 경우에는 "조금 전에 뭐라고 썼지?"라고 생각하면서 방금 공부한 내용을 떠올리려고 합니다.

그러나 이렇게 해서는 어떤 것도 떠오르지 않습니다.
대신에 "스텝"의 순서에 맞게 하나씩 알파벳을 떠올리면 됩니다.

ㅅ에 s, ㅌ에 t, ㅔ에 e, ㅂ에 p ··· step

물론 여기서 ㅂ을 틀릴 수 있지만 그것이 문제되지 않습니다. 정답을 맞추고 써보면, 다음에 절대로 틀리지 않습니다.

예제 "도라에몽"을 써보세요
d o r a e m o n g ··· doraemon

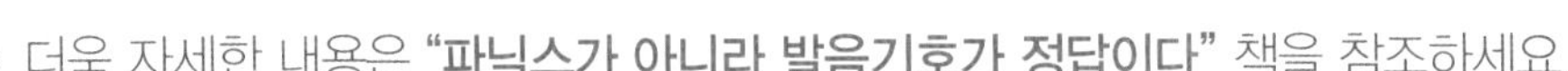

* 더욱 자세한 내용은 **"파닉스가 아니라 발음기호가 정답이다"** 책을 참조하세요.

초등영어공부혼자하기를 위한 문장 5형식

1. 학습 방법

1형식 문장 : S + V + (M) : S는 V한다.
2형식 문장 : S + V + C +(M) : S는 C이다.
3형식 문장 : S + V + O + (M) : S는 O를 V한다.
4형식 문장 : S + V + IO + DO + (M) : S는 IO에게 DO를 V한다.
5형식 문장 : S + V + O + OC +(M) : S는 O를 OC하게 V하다.
* M : 시간 장소 방법

* 나무를 보기 전 숲을 보는 문법

자동사, 타동사, 완전동사, 불완전동사등의 문법용어란 나무를 공부하기 전에,
1형식, 2형식, 3형식, 4형식, 5형식을 실제 문장에서 활용하는 숲을 먼저 공부합니다.

숲을 보는 안목을 키우는 문장 5형식의 공부법은 단순합니다.

1형식이 무엇인가? 질문을 받으면 이렇게 답할 수 있으면 됩니다.
"1형식은 에스 브이, 에는 브이한다."

2형식이 무엇인가? 질문을 받으면 이렇게 답할 수 있으면 됩니다.
"2형식은 에스 브이 씨, 에스는 씨이다."

3형식이 무엇인가? 질문을 받으면 이렇게 답할 수 있으면 됩니다.
"3형식은 에스 브이 오, 에스는 오를 브이한다."

4형식이 무엇인가? 질문을 받으면 이렇게 답할 수 있으면 됩니다.
"4형식은 에스 브이 아이오 디오, 에스는 아이에게 디오를 브이한다."

5형식이 무엇인가? 질문을 받으면 이렇게 답할 수 있으면 됩니다.
"5형식은 에스 브이 오 오씨, 에스는 오를 오씨하게 브이한다."

* 문장 5형식 실전 훈련 의미

1	그녀는 내가 그녀의 차를 사용하도록 허락했다.	2	종이 큰소리로 울리고 있다.
3	새들이 하늘에서 날고 있다.	4	그는 영어선생님이다.
5	우리는 그를 민수라고 불렀다.	6	나의 엄마는 나에게 케익을 만들어주셨다.
7	미나는 새 시계를 샀다.	8	그는 나에게 흥미로운 이야기를 말했다.
9	그녀는 매우 행복하다.	10	우리는 어제 그를 방문했다.

2. 실전 예제

1형식 They are playing on the ground. 그들은 운동장에서 놀고 있다.
그들 놀고 있다 운동장에서
S V M

2형식 She is pretty like her mom. 그녀는 그녀의 엄마처럼 예쁘다.
그녀 이다 예쁜 그녀의 엄마처럼
S V C M

3형식 Minsu likes basketball very much. 민수는 농구를 매우 많이 좋아한다.
민수 좋아하다 농구 매우 많이
S V O M

4형식 He gave me a pencil yesterday. 그는 어제 나에게 연필을 주었다
그 주었다 나 연필 어제
S V IO DO M

5형식 We found the box empty. 우리는 상자가 비어 있는 것을 발견했다.
우리 발견했다 상자 속 빈
S V O OC

*** 문장 5형식 실전 훈련**

1	She allowed me to use the car. 그녀 허락했다 나 차를 사용하는 것 S V O OC	2	The bell is ringing loudly 종 울리고 있다 큰소리로 S V M
3	Birds are flying in the sky. 새들 날고 있다 하늘에서 S V M	4	He is an English teacher. 그 이다 영어선생님 S V C
5	We called him Minsu. 우리 불렀다 그 민수 S V O OC	6	My mom made me a cake. 나의 엄마 만들었다 나 케익 S V IO DO
7	Mina bought a new watch. 미나 샀다 새 시계 S V O	8	He told me an interesting story. 그 말했다 나 흥미로운 이야기 S V IO DO
9	She is very happy. 그녀 이다 매우 행복한 S V C	10	We visited him yesterday. 우리 방문했다 그 어제 S V O M

초등영어공부혼자하기
51일차~60일차
B
A

51일차 영어읽기

읽기 연습후 확인하기

의미 공부후 확인하기

1 I **kicked** the soccer ball hard into the goal.

아이 킥(트) 더 싸커r 볼 하r드 인투 더 고울.

2 The water was falling from the **waterfall**.

더 워러r 워즈 폴-링 프럼 더 워러r폴.-

3 I am **tired** because of hard work.

아이 엠 타이어r드 비코우즈 어브 하r드 워r크.

4 She learned English from the third **grade**.

쉬 런드 잉글리쉬 프럼 더 써r드 그뤠이드.

5 He couldn't sleep because of the **noise**.

히 쿠른(트) 슬립 비코우즈 어브 더 노이즈.

6 The prince dived into the water to **save** the princess.

더 프륀쓰 다이브드 인투 더 워러r 투 쎄이브 더 프륀쎄스.

7 I put **glue** onto the envelope.

아이 풋 글루 온투 더 엔블로웁.

8 The cat is carefully chasing the **mouse**.

더 캣 이즈 케어r플리 췌이씽 더 마우쓰.

9 Yesterday's party was full of **fun**.

예스떠r데이즈 파r티 워즈 풀러브 펀.

10 **Watermelon** is a fruit that I like.

워러r멜론 이즈 어 프룻 댓 아일 라익.

51일차 영어의미

mp3듣기

1 I **kicked** the soccer ball hard into the goal.

나 찼다 축구공 세게 골대 안으로

2 The water was falling from the **waterfall**.

물 떨어지고 있었다 폭포로 부터

3 I am **tired** because of hard work.

나 ~이다 피곤한 ~ 때문에 힘든 일

4 She learned English from the third **grade.**

그녀 배웠다 영어 3학년부터

5 He couldn't sleep because of the **noise**.

그 잠을 잘 수 없었다 ~ 때문에 소음

6 The prince dived into the water to **save** the princess.

왕자 잠수했다 물 속으로 구하기 위해 공주

7 I put **glue** onto the envelope.

나 발랐다 풀 봉투 위에

8 The cat is carefully chasing the **mouse**.

고양이 조심스럽게 쫓고 있다 쥐

9 Yesterday's party was full of **fun**.

어제의 파티 ~ 로 가득했다 재미

10 **Watermelon** is a fruit that I like.

수박 ~이다 과일 내가 좋아하다

52일차 영어읽기

읽기 연습후 확인하기 →
← 의미 공부후 확인하기

1 Her **husband** loves children.

허r 허즈밴드 러브즈 췰드뤈.

2 Our refrigerator is **full** of fruit.

아워r 뤠프뤼쥐뤠이터r 이즈 풀러브 프룻.

3 I was **surprised** at her strange question.

아이 워(즈) 서r프롸이즈드 앳 허r 스추뤠인쥐 쿠에스천.

4 The **fast** rabbit lost to the slow turtle.

더 패-쓰트 뤠빗 로스(트) 투 더 슬로우 터r틀.

5 He invited many **guests** to the party.

히 인바이릿 메니 게쓰츠 투 더 파r티.

6 This year I met an **excellent** teacher.

디쓰 이어r 아이 메런 엑쎌런(트) 티처r.

7 He **copied** the clown's behavior.

히 카삐(트) 더 클라운즈 비헤이비어r.

8 I looked at the mountains **through** the telescope.

아이 룩트 앳 더 마운튼즈 쓰루 더 텔레스꼬웁.

9 Is this your **first** visit to Korea?

이즈 디쓰 유어r 퍼r쓰트 비짓 투 코뤼아?

10 He wiped his wet hand on a **towel**.

히 와입트 히즈 웻 핸드 오너 타월.

52일차 영어의미

mp3듣기

영어의미

1 Her **husband** loves children.

그녀의 남편 사랑하다 아이들

2 Our refrigerator is **full** of fruit.

우리 냉장고 ~로 가득하다 과일

3 I was **surprised** at her strange question.

나 ~에 놀랐다 그녀의 이상한 질문

4 The **fast** rabbit lost to the slow turtle.

빠른 토끼 졌다 느린 거북이에게

5 He invited many **guests** to the party.

그 초대했다 많은 손님 파티에

6 This year I met an **excellent** teacher.

올해 나 만났다 훌륭한 선생님

7 He **copied** the clown's behavior.

그 따라했다 어릿광대의 행동

8 I looked at the mountains **through** the telescope.

나 ~를 봤다 산 망원경을 통해

9 Is this your **first** visit to Korea?

이번이 ~인가요? 당신의 첫 방문 한국에

10 He wiped his wet hand on a **towel**.

그 닦았다 그의 젖은 손 수건에

53일차 영어읽기

읽기 연습후 확인하기 →
← 의미 공부후 확인하기

1 The young **girl** is doing a presentation on stage.
더 영 걸 이즈 두잉 어 프뤠즌테이션 온 스떼이쥐.

2 I fell **asleep** because the movie was boring.
아이 펠 러슬립 비코우즈 더 무비 워즈 보륑.

3 This **restaurant** is famous for its fish dishes.
디쓰 뤠스추뤈트 이즈 페이머쓰 포r 잇츠 피쉬 디쉬즈.

4 He is now ready for his math **test**.
히 이즈 나우 뤠디 포r 히즈 매쓰 테스트.

5 She prays for **world** peace.
쉬 프뤠이즈 포r 워r을드 피-쓰.

6 The **clown** is blowing a balloon on the horse.
더 클라운 이즈 블로윙 어 벌룬 온 더 호r쓰.

7 The police tied the thief's hands and **feet**.
더 폴리-쓰 타이(드) 더 띠프쓰 핸즈 앤 핏.

8 The king and the queen live in the **kingdom**.
더 킹 앤 더 쿠윈 리브 인 더 킹덤.

9 The **lava** turns into a butterfly later.
더 라바 턴즈 인투 어 버러r플라이 레이러r.

10 He wrapped a **wire** around the stick.
히 뤱트 어 와이어r 어롸운(드) 더 스띡.

53일차 영어의미

mp3듣기

1 The young **girl** is doing a presentation on stage.

어린 소녀 하고 있다 발표 무대 위에서

2 I fell **asleep** because the movie was boring.

나 잠에 빠졌다 왜냐하면 영화 ~였다 지루한

3 This **restaurant** is famous for its fish dishes.

이 식당 ~로 유명하다 생선 요리

4 He is now ready for his math **test**.

그 ~이다 이제 준비된 그의 수학 시험을 위해

5 She prays for **world** peace.

그녀 기도하다 세계 평화를 위해

6 The **clown** is blowing a balloon on the horse.

어릿광대 불고 있다 풍선 말 위에서

7 The police tied the thief's hands and **feet**.

경찰 묶었다 도둑의 손과 발

8 The king and the queen live in the **kingdom**.

왕과 왕비 살다 왕국에서

9 The **lava** turns into a butterfly later.

번데기 ~로 변하다 나비 나중에

10 He wrapped a **wire** around the stick.

그 감았다 철사 막대기 둘레로

54일차 영어읽기

읽기 연습후 확인하기 →
← 의미 공부후 확인하기

1 She bought a chicken and a **goose** at the market.
쉬 밧- 어 취낀 앤 더 구-쓰 앳 더 마r켓.

2 I was **bored** of his speech.
아이 워즈 보r드 어브 히(즈) 스삐취.

3 The **bees** are collecting honey from the flowers.
더 비-즈 아r 컬렉팅 허니 프럼 더 플라워r즈.

4 The **prince** is looking for the owner of the shoes.
더 프륀쓰 이즈 루킹 포r 더 오우너r 어브 더 슈즈.

5 He is playing volleyball in the **gym**.
히 이즈 플레잉 발리볼 인 더 쥠.

6 Go to the **bathroom** and wash your dirty feet.
고우 투 더 배쓰룸 앤 와쉬 유어r 더r티 핏.

7 She took medicine for her **headache**.
쉬 툭 메디쓴 포r 허r 헤데익.

8 We have to help the **weak** people.
위 해브 투 헬프 더 윅 피쁠.

9 I gave my son a **toy** as a birthday gift.
아이 게입 마이 썬 어 토이 애저 버r쓰데이 기프트.

10 My father is making soup in the **kitchen**.
마이 파더r 이즈 메이킹 수웁 인 더 키췬.

54일차 영어의미

1 She bought a chicken and a **goose** at the market.
그녀 샀다 닭과 거위 시장에서

2 I was **bored** of his speech.
나 ~이 지루했다 그의 연설

3 The **bees** are collecting honey from the flowers.
벌들 모으고 있다 꿀 꽃들로 부터

4 The **prince** is looking for the owner of the shoes.
왕자 ~를 찾고 있다 신발의 주인

5 He is playing volleyball in the **gym**.
그 배구를 하고 있다 체육관에서

6 Go to the **bathroom** and wash your dirty feet.
욕실에 가라 그리고 너의 더러운 발을 씻어라

7 She took medicine for her **headache**.
그녀 약을 먹었다 두통 때문에

8 We have to help the **weak** people.
우리 도와야 한다 약한 사람들

9 I gave my son a **toy** as a birthday gift.
나 줬다 나의 아들 장난감 생일 선물로

10 My father is making soup in the **kitchen**.
나의 아버지 국을 만들고 있다 주방에서

55일차 영어읽기

읽기 연습후 확인하기
의미 공부후 확인하기

1 Minsu is a wonderful soccer **player**.
민수 이즈 어 원더r플 싸커r 플레이어r.

2 She put the notebook and the book on her **desk**.
쉬 풋 더 노웃북 앤 더 북 온 허r 데스크.

3 There's a fun movie that features **turtles**.
데어r즈 어 펀 무비 댓 피-처r즈 터r틀즈.

4 Can you pass me the salt over **there**?
캔 유 패쓰 미 더 솔트 오우버r 데어r?

5 Brave people are not **afraid** of monsters.
브뤠이브 피쁠 아r 낫 어프뤠이드 어브 만스떠r쓰.

6 He rode his **bike** along the river yesterday.
히 로우드 히즈 바익 얼롱 더 뤼버r 예스떠r데이.

7 She bought meat and vegetables at the **market**.
쉬 밧- 미잇 앤 베쥐터블즈 앳 더 마r켓.

8 He brought his **wife** and son to the party.
히 브롿- 히즈 와이프 앤 썬 투 더 파r티.

9 I moved from the city to the **town**.
아이 무브드 프럼 더 씨티 투 더 타운.

10 The **ostrich** is the biggest bird in the world.
디 오쓰추뤼취 이즈 더 비게스트 버r드 인 더 워r을드.

55일차 영어의미

mp3듣기

1 Minsu is a wonderful soccer **player**.

민수는 ~이다 훌륭한 축구 선수

2 She put the notebook and the book on her **desk**.

그녀 놓다 공책과 책 책상 위에

3 There's a fun movie that features **turtles**.

~있다 재미있는 영화 거북이가 나오다

4 Can you pass me the salt over **there**?

줄 수 있어요? 건네다 나 소금 저기에

5 Brave people are not **afraid** of monsters.

용감한 사람들은 ~를 무서워하지 않다 괴물들

6 He rode his **bike** along the river yesterday.

그 탔다 그의 자전거 강을 따라 어제

7 She bought meat and vegetables at the **market**.

그녀 샀다 고기와 야채 시장에서

8 He brought his **wife** and son to the party.

그 데려갔다 그의 아내와 아들 파티에

9 I moved from the city to the **town**.

나 이사했다 도시에서 마을로

10 The **ostrich** is the biggest bird in the world.

타조 ~이다 가장 큰 새 세상에서

56일차 영어읽기

읽기 연습후 확인하기 →
← 의미 공부후 확인하기

1 Minsu drew the picture **on** the wall.
민수 주루 더 픽쳐r 온 더 월.

2 The company also gives opportunities to **old** people.
더 컴뻐니 올쏘우 기브즈 아퍼r튜니티즈 투 오울(드) 피뻘.

3 They were **silent** during the concert.
데이 워r 사일런(트) 주륑 더 콘서r트.

4 The carpenter is fixing the roof with the **tools**.
더 카r펜터r 이즈 픽씽 더 루프 위쓰 더 툴즈.

5 There is a **grocery store** opposite the pharmacy.
데어r 이즈 어 그로우써뤼 스또어r 아뻐짓 더 퍼r머씨.

6 She lost her **shoe** while running.
쉴 로스트 허r 슈 와일 뤄닝.

7 He raises cows and pigs on the **farm**.
히 뤠이지즈 카우즈 앤 피그즈 온 더 팜.

8 She is my **cousin** who lives in the countryside.
쉬 이즈 마이 커즌 후 리브즈 인 더 컨추뤼싸이드.

9 We took the **last** bus home.
위 툭 더 라스(트) 버쓰 호움.

10 Back then I was a highschool **student**.
백 덴 아이 워즈 어 하이스쿨 스튜든트.

56일차 영어의미

mp3듣기

1 Minsu drew the picture **on** the wall.

민수 그렸다 그림 벽에

2 The company also gives opportunities to **old** people.

회사 또한 주다 기회 나이든 사람들에게

3 They were **silent** during the concert.

그들 ~였다 조용한 연주회 동안

4 The carpenter is fixing the roof with the **tools**.

목수 고치고 있다 지붕 도구들로

5 There is a **grocery store** opposite the pharmacy.

~ 이 있다 식품점 약국 맞은편에

6 She lost her **shoe** while running.

그녀 잃어버렸다 그녀의 신발 달리는 동안

7 He raises cows and pigs on the **farm**.

그 키우다 소와 돼지 농장에서

8 She is my **cousin** who lives in the countryside.

그녀 ~이다 나의 사촌 시골에서 살다

9 We took the **last** bus home.

우리 탔다 마지막 버스 집으로

10 Back then I was a highschool **student**.

그 당시 나 ~였다 고등학생

57일차 영어읽기

읽기 연습후 확인하기
의미 공부후 확인하기

1 I sent an apologetic **letter** to my friend.
아이 센트 언 아팔러쥐틱 레러r 투 마이 프렌드.

2 She will **return** to the United States next year.
쉬 윌 뤼턴 투 디 유나이릿 스떼이츠 넥쓰 이어r.

3 **Bicycles** have two wheels.
바이씨클즈 해브 투 윌즈.

4 **Table tennis** balls are small and light.
테이블 테니쓰 볼즈 아r 스몰 앤 라잇(트).

5 The **general** opinion of this drawing is good.
더 줴너뤌 오피니언 어브 디쓰 주로윙 이즈 굿.

6 She is not afraid to **fail**.
쉬 이즈 낫 어프레이(드) 투 페일.

7 The mother bought **some** candy for her kid.
더 마더r 밧- 썸 캔디 포r 허r 키잇.

8 She is **picking** out some potatoes at the market.
쉬 이즈 피킹 아웃 썸 포테이토우즈 앳 더 마r켓.

9 You have to be **careful** when using a candle.
유 해브 투 비 케어r플 웬 유징 어 캔들.

10 He sometimes **rides** the train or the subway.
히 썸타임즈 롸이즈 더 추뤠인 오r 더 서브웨이.

57일차 영어의미

mp3듣기

1 I sent an apologetic **letter** to my friend.
나 보냈다 사과편지 내 친구에게

2 She will **return** to the United States next year.
그녀 돌아 갈 것이다 미국에 내년

3 **Bicycles** have two wheels.
자전거 가지다 2개의 바퀴

4 **Table tennis** balls are small and light.
탁구공은 ~이다 작고 가벼운

5 The **general** opinion of this drawing is good.
일반적인 의견 이 그림에 대한 ~이다 좋은

6 She is not afraid to **fail**.
그녀 ~를 두려워 하지 않다 실패하다

7 The mother bought **some** candy for her kid.
엄마 샀다 조금의 사탕 그녀의 아이를 위해

8 She is **picking** out some potatoes at the market.
그녀 고르고 있다 몇 개의 감자들 시장에서

9 You have to be **careful** when using a candle.
너 해야만 하다 조심하다 초를 사용할 때

10 He sometimes **rides** the train or the subway.
그 때때로 타다 기차 혹은 지하철

58일차 영어읽기

읽기 연습후 확인하기

의미 공부후 확인하기

영어읽기

1 What is your name and **address**?

왓 이즈 유어r 네임 앤 애주뤠쓰?

2 **Onions** have a strong taste and smell.

어니언즈 해브 어 스추롱 테이스트 앤 스멜.

3 The sun is **shining** in the clear sky.

더 썬 이즈 샤이닝 인 더 클리어r 스까이.

4 He paid for the food with **cash**.

히 페이드 포r 더 푸드 위쓰 캐쉬.

5 She crossed the **river** by boat.

쉬 크로쓰(트) 더 뤼버r 바이 보웃.

6 A rainbow appeared in the **sky** after it rained.

어 뤠인보우 어피어r드 인 더 스까이 애프터r 잇 뤠인드.

7 He often confuses left and **right**.

히 오-픈 컨퓨지즈 레프트 앤 롸잇.

8 The firefighters tried their best to put out the **fire**.

더 파이어r파이러r즈 추롸이(드) 데어r 베스(트) 투 풋 아웃 더 파이어r.

9 There is a white **cloud** in the blue sky.

데어r 이즈 어 와잇 클라우드 인 더 블루 스까이.

10 I put the potatoes and onions in the **basket**.

아이 풋 더 포테이토우즈 앤 어니언즈 인 더 배스킷.

58일차 영어의미

mp3듣기

1 What is your name and **address**?

무엇 입니까? 당신의 이름과 주소

2 **Onions** have a strong taste and smell.

양파 가지다 강한 맛과 냄새

3 The sun is **shining** in the clear sky.

태양 반짝이고 있다 맑은 하늘에서

4 He paid for the food with **cash**.

그 ~에 대해 지불했다 음식 현금으로

5 She crossed the **river** by boat.

그녀 건넜다 강 배로

6 A rainbow appeared in the **sky** after it rained.

무지개가 나타났다 하늘에 비 온 뒤

7 He often confuses left and **right**.

그 자주 혼동하다 왼쪽과 오른쪽

8 The fire fighters tried their best to put out the **fire**.

소방관들 최선을 다해 노력했다 불을 끄기 위해

9 There is a white **cloud** in the blue sky.

~이 있다 하얀 구름 파란 하늘에

10 I put the potatoes and onions in the **basket**.

나 넣었다 감자와 양파 바구니에

영어읽기

59일차 영어읽기

읽기 연습후 확인하기

의미 공부후 확인하기

1 She had an apple pie for **dessert**.

쉬 해- 런 애-쁠 파이 포r 디저r트.

2 History is a **difficult** subject for me.

히쓰토뤼 이즈 어 디피컬트 서브줵트 포r 미.

3 The magician showed the children **magic**.

더 머쥐션 쇼우(드) 더 췰드뤈 매쥑.

4 The number of foreigners visiting **Korea** is increasing.

더 넘버r 어브 포-뤼너r즈 비지링 코뤼아 이즈 인크뤼씽.

5 Some animals can change the **color** of their bodies.

썸 애니멀즈 캔 췌인쥐 더 컬러r 어브 데어r 바디즈.

6 Minsu is a **kind** and warm-hearted person.

민수 이즈 어 카인드 앤 웜-하r팃 퍼r쓴.

7 The **doctor** is curing sick people.

더 닥터r 이즈 큐어륑 씩 피쁠.

8 **Nature** is a treasure to all of us.

네이처r 이즈 어 추뤠저r 투 올러버스.

9 The sunlight made my pants **dry**.

더 썬라잇 메잇 마이 팬츠 주롸이.

10 Sugar and **salt** melt well in water.

슈거r 앤 솔트 멜트 웰 인 워러r.

59일차 영어의미

1 She had an apple pie for **dessert**.

그녀 먹었다 애플파이 후식으로

2 History is a **difficult** subject for me.

역사 ~이다 어려운 과목 나에게

3 The magician showed the children **magic**.

마술사 보여줬다 아이들 마술

4 The number of foreigners visiting **Korea** is increasing.

~의 숫자 외국인들 한국을 방문하는 증가하고 있다

5 Some animals can change the **color** of their bodies.

몇몇 동물들 바꿀 수 있다 ~ 의 색깔 그들의 몸

6 Minsu is a **kind** and warm-hearted person.

민수 ~이다 착하고 온화한 사람

7 The **doctor** is curing sick people.

의사 치료하고 있다 아픈 사람들

8 **Nature** is a treasure to all of us.

자연 ~이다 보물 우리 모두에게

9 The sunlight made my pants **dry**.

햇빛 만들다 나의 바지 마른

10 Sugar and **salt** melt well in water.

설탕과 소금 잘 녹다 물에

60일차 영어읽기

읽기 연습후 확인하기 →
← 의미 공부후 확인하기

1 We arrived at the **palace** where the queen lived.
위 어롸이브드 앳 더 팰러스 웨어r 더 쿠윈 리브드.

2 He is **learning** math from his older brother.
히 이즈 러r닝 매쓰 프럼 히즈 오울더r 브롸더r.

3 **Science** is my favorite subject.
싸이언쓰 이즈 마이 페이버륏 서브쉑트.

4 She is the mother of three **children**.
쉬 이즈 더 마더r 어브 쓰뤼 칠드뤈.

5 The **police car** closely chased the robber.
더 폴리-쓰 카r 클로우슬리 췌이스(트) 더 롸버r.

6 He has a variety of **fish** in his fishbowl.
히 해즈 어 버롸이어티 어브 피쉬 인 히즈 피쉬보울.

7 She explained her **point** to the people.
쉬 익쓰플레인드 허r 포인(트) 투 더 피쁠.

8 He grows **corn** and potatoes on the farm.
히 그로우쓰 콘 앤 포테이토우즈 온 더 팜.

9 I painted the **side** of the fence white.
아이 페인팃 더 싸이드 어브 더 펜쓰 와잇.

10 She put on a gold **ring** on her finger.
쉬 풋 오너 고울드 륑 온 헐 핑거r.

60일차 영어의미

1 We arrived at the **palace** where the queen lived.

우리 ~에 도착했다 궁전 여왕이 살았다

2 He is **learning** math from his older brother.

그 배우고 있다 수학 그의 형으로 부터

3 **Science** is my favorite subject.

과학 ~이다 내가 제일 좋아하는 과목

4 She is the mother of three **children**.

그녀 ~이다 어머니 3명의 아이들의

5 The **police car** closely chased the robber.

경찰차 바짝 쫓았다 강도

6 He has a variety of **fish** in his fishbowl.

그 가졌다 다양한 물고기 그의 어항 속에

7 She explained her **point** to the people.

그녀 설명했다 그녀의 요점 사람들에게

8 He grows **corn** and potatoes on the farm.

그 키우다 옥수수와 감자 농장에서

9 I painted the **side** of the fence white.

나 칠했다 담장의 옆면 흰색

10 She put on a gold **ring** on her finger.

그녀 꼈다 금반지 그녀의 손가락에

참 잘했습니다

본 영어학습에 대해서 궁금한 점이 있다면
네이버 카페 한글영어 공식카페로
질문해주시면 성심껏
답변을 드리도록 하겠습니다.

http://cafe.naver.com/korchinese/17544

원어민 음성 mp3도 다운 가능합니다

초등영어공부혼자하기
61일차~70일차

61일차 영어읽기

읽기 연습후 확인하기

의미 공부후 확인하기

1 The half of one year is **six** months.

더 해프 어브 원 이어r 이즈 씩쓰 먼쓰.

2 I cleaned my new shoes with a **brush**.

아이 클린드 마이 뉴 슈즈 위떠 브뤄쉬.

3 He prepared food for the **picnic**.

히 프뤼페어r드 푸드 포r 더 피크닉.

4 **Knock** first before you open the door.

낙 퍼r쓰트 비포r 유 오우쁜 더 도어r.

5 I drew a **circle** with a coin.

아이 주루 어 써r클 윗 떠 코인.

6 Noon means **twelve** o'clock.

눈 민즈 트웰브 어클락.

7 A quarter of an hour is equal to **fifteen** minutes.

어 쿠워r터r 어번 아워r 이즈 이쿠얼 투 피프틴 미니츠.

8 He **showed** the dinosaur doll to the children.

히 쇼우(드) 더 다이너쏘어r 돌 투 더 췰드뤈.

9 Go **inside** the house and wait for a moment.

고우 인싸이(드) 더 하우쓰 앤 웨잇 포r 어 모우멘트.

10 **Spring** is the season that I like the most.

스프륑 이즈 더 씨즌 댓 아일 라익 더 모우스트.

61일차 영어의미

mp3듣기

1 The half of one year is **six** months.

1년의 절반 ~이다 6 개월

2 I cleaned my new shoes with a **brush**.

나 닦았다 나의 새 구두 솔로

3 He prepared food for the **picnic**.

그 준비했다 음식 소풍을 위해

4 **Knock** first before you open the door.

먼저 노크하세요 ~ 전에 너가 문을 열다

5 I drew a **circle** with a coin.

나 그렸다 원 동전으로

6 Noon means **twelve** o'clock.

정오 의미하다 12시

7 A quarter of an hour is equal to **fifteen** minutes.

1시간의 1/4 ~와 같다 15분

8 He **showed** the dinosaur doll to the children.

그 보여줬다 공룡 인형 아이들에게

9 Go **inside** the house and wait for a moment.

가다 집안으로 그리고 기다리다 잠깐동안

10 **Spring** is the season that I like the most.

봄 ~이다 계절 내가 가장 좋아하다

62일차 영어읽기

읽기 연습후 확인하기 →
← 의미 공부후 확인하기

1 There is a bakery **across** the street.

데어r 이즈 어 베이커뤼 어크로쓰 더 스추륏.

2 The **engineer** is fixing the broken machine.

디 엔쥐니어r 이즈 픽씽 더 브로끈 머쉰.

3 I was so **sorry** to be late for my appointment.

아이 워(즈) 쏘우 쏘뤼 투 빌 레잇 포r 마이 어포인(트)멘트.

4 He forgot to lock the **gate**.

히 포r갓 툴 락 더 게잇.

5 He **decided** to propose to her.

히 디싸이딧 투 프로포우즈 투 허r.

6 Sick people should eat a lot of **fruit**.

씩 피쁠 슈웃 잇 얼라러브 프룻.

7 She can **sing** sad songs well.

쉬 캔 씽 새-드 쏭즈 웰.

8 I dialed the **wrong** number by mistake.

아이 다이얼(드) 더 롱 넘버r 바이 미스테익.

9 Is it **true** that she is a princess?

이즈 잇 추루 댓 쉬 이즈 어 프륀쎄쓰?

10 If you push the cart, I will **pull** it.

이퓨 푸쉬 더 카r트, 아이 윌 풀릿.

62일차 영어의미

mp3듣기

1 There is a bakery **across** the street.
~ 이 있다 빵집 길 건너편에

2 The **engineer** is fixing the broken machine.
기술자 고치고 있다 고장난 기계

3 I was so **sorry** to be late for my appointment.
나 ~였다 너무 미안한 늦어서 나의 약속에

4 He forgot to lock the **gate**.
그 잊어버렸다 잠그는 것 대문

5 He **decided** to propose to her.
그 ~하기로 결정했다 청혼하다 그녀에게

6 Sick people should eat a lot of **fruit**.
아픈 사람들 먹어야 하다 많은 과일

7 She can **sing** sad songs well.
그녀 노래할 수 있다 슬픈 노래들 잘

8 I dialed the **wrong** number by mistake.
나 눌렀다 잘못된 번호 실수로

9 Is it **true** that she is a princess?
사실입니까? 그녀 ~이다 공주

10 If you push the cart, I will **pull** it.
만약 네가 민다면 카트 나 당길 것이다 그것

영어읽기

63일차 영어읽기

읽기 연습후 확인하기

의미 공부후 확인하기

1 She **cut** the cucumber into eight pieces.

쉬 컷 더 큐컴버r 인투 에잇 피시즈.

2 There is a lamp and a table in his **bedroom**.

데어r 이즈 어 램프 앤더 테이블 인 히즈 베주룸.

3 That **factory** produces buses and cars.

댓 팩토뤼 프로듀씨즈 버씨즈 앤 카r즈.

4 The **chicken** and the cat are fighting in the yard.

더 취킨 앤 더 캣 아r 파이링 인 더 야r드.

5 He knows a lot of **funny** stories.

히 노우즈 얼라러브 퍼니 스토뤼즈.

6 He washed his face clean with **soap**.

히 와쉬트 히즈 페이스 클린 윗 쏘웁.

7 You can choose between a **or** b.

유 캔 추-즈 비트윈 에이 오r 비-.

8 She slowly **climbed** up the ladder.

쉬 슬로울리 클라임 덥 더 래-더r.

9 I stuck the note on the refrigerator with a **magnet**.

아이 스떡 더 노웃 온 더 뤼프뤼쥐뤠이터r 위떠 매그넷.

10 There was a fire in the apartment last **night**.

데어r 워즈 어 파이어r 인 더 아파r(트)멘트 라스(트) 나잇.

63일차 영어의미

mp3듣기

영어의미

1 She **cut** the cucumber into eight pieces.
그녀 잘랐다 오이 8 조각으로

2 There is a lamp and a table in his **bedroom**.
~이 있다 전등과 탁자 그의 침실에는

3 That **factory** produces buses and cars.
저 공장 생산하다 버스와 차

4 The **chicken** and the cat are fighting in the yard.
닭과 고양이 싸우고 있다 마당에서

5 He knows a lot of **funny** stories.
그 알다 많은 재미있는 이야기

6 He washed his face clean with **soap**.
그 씻었다 그의 얼굴 깨끗한 비누로

7 You can choose between a **or** b.
너 선택할 수 있다 a 또는 b 중에

8 She slowly **climbed** up the ladder.
그녀 천천히 올라갔다 사다리

9 I stuck the note on the refrigerator with a **magnet**.
나 붙였다 메모 냉장고 위에 자석으로

10 There was a fire in the apartment last **night**.
~이 있었다 화재 아파트에 지난 밤

64일차 영어읽기

읽기 연습후 확인하기
의미 공부후 확인하기

1 I agree with what you **said**.
아이 어그뤼 위쓰 왓 유 세엣.

2 What are your plans for the **holidays**?
왓 아r 유어r 플랜쓰 포r 더 할러데이즈?

3 The rich woman bought an expensive **necklace**.
더 뤼치 워먼 밧- 언 익쓰뻰씨브 네끌러쓰.

4 He ordered **clothes** for the party.
히 오r더r드 클로우즈 포r 더 파r티.

5 My cousin and I rode our bicycles in the **park**.
마이 커즌 앤 다이 로우드 아워r 바이씨클즈 인 더 파r크.

6 The sun rises in the East and sets in the **West**.
더 썬 롸이지즈 인 더 이스트 앤 세츠 인 더 웨스트.

7 She receives a salary of five **million** won.
쉬 뤼씨브즈 어 샐러뤼 어브 파이브 밀리언 원.

8 I made a promise with **myself** to study.
아이 메이 러 프롸미쓰 윗 마이쎌프 투 스터디.

9 She cut her **finger** with a sharp knife.
쉬 컷 허r 핑거r 위떠 샤r프 나이프.

10 The story of the princess and the **seven** dwarfs is funny.
더 스토뤼 어브 더 프륀쎄쓰 앤 더 쎄븐 주월프쓰 이즈 퍼니.

64일차 영어의미

mp3듣기

1 I agree with what you **said**.
나 ~에 동의하다 너가 말한 것

2 What are your plans for the **holidays**?
무엇이니? 너의 계획은 휴일 동안

3 The rich woman bought an expensive **necklace**.
부유한 여자 샀다 비싼 목걸이

4 He ordered **clothes** for the party.
그 주문했다 옷 파티를 위해

5 My cousin and I rode our bicycles in the **park**.
내 사촌과 나 탔다 우리의 자전거 공원에서

6 The sun rises in the East and sets in the **West**.
태양 뜨다 동쪽에서 그리고 지다 서쪽에서

7 She receives a salary of five **million** won.
그녀 받는다 월급 5 백만원의

8 I made a promise with **myself** to study.
나 약속했다 나 자신과 공부하는 것

9 She cut her **finger** with a sharp knife.
그녀 그녀의 손가락을 베였다 날카로운 칼로

10 The story of the princess and the **seven** dwarfs is funny.
이야기 공주와 일곱난쟁이의 ~이다 재밌는

65일차 영어읽기

읽기 연습후 확인하기
의미 공부후 확인하기

1 I go to the **library** to read books.
아이 고우 투 더 라이브뤠리 투 뤼잇 북쓰.

2 How about meeting at 4 pm on **Thursday**?
하우 어바웃 미링 앳 포어r 피엠 온 떠r즈데이?

3 She decorated her **room** with flowers and frames.
쉬 데코뤠이릿 허(r) 룸 윗 플라워r즈 앤 프뤠임즈.

4 I accidently fell down and hurt my **knee**.
아이 액씨덴-리 펠 다운 앤 헐(트) 마이 니-.

5 The factory **workers** are making TVs.
더 팩토뤼 워r커r즈 아r 메이킹 티븨즈.

6 The whale **dived** into the deep water.
더 웨일 다이브드 인투 더 딥 워러r.

7 The housewives are wearing red **gloves**.
더 하우스와이브즈 아r 웨어륑 뤠엣 글러브즈.

8 I'm so thirsty that I want to drink **water**.
아임 쏘우 떠r쓰티 댓 아이 원투 주륑(크) 워러r.

9 Even **monkeys** can fall from trees.
이븐 멍키즈 캔 폴 프럼 추뤼즈.

10 I'm going to read novels **during** my holidays.
아임 고잉 투 륍 나블즈 주륑 마이 할러데이즈.

65일차 영어의미

mp3듣기

1 I go to the **library** to read books.

나 가다 도서관에 책을 읽기 위해

2 How about meeting at 4 pm on **Thursday**?

~하는게 어때? 오후 4시에 만나는 것 목요일 날에

3 She decorated her **room** with flowers and frames.

그녀 장식했다 그녀의 방 꽃과 액자들로

4 I accidently fell down and hurt my **knee**.

나 실수로 넘어졌다 그리고 다쳤다 내 무릎

5 The factory **workers** are making TVs.

공장 직원들 만들고 있다 텔레비전

6 The whale **dived** into the deep water.

고래는 잠수했다 깊은 물 속으로

7 The housewives are wearing red **gloves**.

주부들 끼고 있다 빨간 장갑

8 I'm so thirsty that I want to drink **water**.

나는 ~이다 너무 목마른 나 마시고 싶다 물

9 Even **monkeys** can fall from trees.

원숭이들조차 떨어질 수 있다 나무에서

10 I'm going to read novels **during** my holidays.

나는 ~ 할 것이다 읽다 소설들 휴일 동안에

66일차 영어읽기

읽기 연습후 확인하기 →
← 의미 공부후 확인하기

1 I met my **classmate** at the amusement park.

아이 멧 마이 클래스메잇 앳 더 어뮤즈멘(트) 파r크.

2 She pays the rent by the **end** of the month.

쉬 페이즈 더 뤤트 바이 디 엔드 어브 더 먼쓰.

3 We collected **shells** at the beach.

위 컬렉팃 쉘즈 앳 더 비취.

4 He **asked** the teacher for the answer of the question.

히 애슥(트) 더 티처r 포r 디 앤써r 어브 더 쿠에스천.

5 I am **leaving** for China tomorrow.

아이 엠 리빙 포r 촤이나 투모로우.

6 From old times, **rice** is the main food in Korea.

프럼 오울(드) 타임즈, 롸이쓰 이즈 더 메인 푸드 인 코뤼아.

7 The sisters got lost in the **forest**.

더 씨쓰터r즈 갓 로쓰트 인 더 포뤠쓰트.

8 The child painted the sun **red**.

더 촤일드 페인팃 더 썬 뤠엣.

9 She needed a man to **carry** her luggage.

쉬 니딧 어 맨 투 케뤼 허r 러기쥐.

10 There were big holes in his **socks**.

데어r 워r 빅 호울즈 인 히즈 싹쓰.

66일차 영어의미

mp3듣기

1 I met my **classmate** at the amusement park.

나 만났다 나의 반 친구 놀이공원에서

2 She pays the rent by the **end** of the month.

그녀 지불하다 방세 ~ 끝 무렵에 그 달

3 We collected **shells** at the beach.

우리 모았다 조개껍질 해변에서

4 He **asked** the teacher for the answer of the question.

그 물었다 선생님 답에 대해 그 질문의

5 I am **leaving** for China tomorrow.

나 떠날 것이다 중국으로 내일

6 From old times, **rice** is the main food in Korea.

옛날부터, 쌀 ~이다 주식 한국에서

7 The sisters got lost in the **forest**.

자매들 길을 잃었다 숲 속에서

8 The child painted the sun **red**.

어린이 색칠했다 태양 빨간

9 She needed a man to **carry** her luggage.

그녀 필요했다 남자 옮겨 줄 그녀의 짐

10 There were big holes in his **socks**.

~이 있었다 큰 구멍 그의 양말에

67일차 영어읽기

읽기 연습후 확인하기
의미 공부후 확인하기

1 Bats live inside dark **caves**.

배츠 리브 인싸이(드) 다r크 케이브즈.

2 He **started** to carry the heavy luggage.

히 스따r팃 투 케뤼 더 헤비 러기쥐.

3 Could you **open** this bottle of wine?

쿠 쥬 오우쁜 디쓰 바를 럽 와인?

4 My father **works** at a steel company.

마이 파더r 워r(크)쓰 애러 스틸 컴뻐니.

5 I managed to arrive right **before** the presentation.

아이 매니쥐(드) 투 어롸이브 롸잇 비포r 더 프뤠즌테이션.

6 **Deaf** people can't hear sound well.

데프 피쁠 캐앤(트) 히어r 싸운드 웰.

7 The price of **oil** keeps increasing this year.

더 프롸이쓰 어브 오일 킵쓰 인크뤼씽 디쓰 이어r.

8 The hunter **hunted** a deer in the woods.

더 헌터r 헌팃 어 디어r 인 더 우즈.

9 **When** is your birthday?

웬 이즈 유어r 버r쓰데이?

10 **Nice** people do wonderful things.

나이쓰 피쁠 두 원더r플 띵쓰.

67일차 영어의미

1 Bats live inside dark **caves**.

박쥐들 살다 어두운 동굴안에

2 He **started** to carry the heavy luggage.

그 나르기 시작했다 무거운 짐

3 Could you **open** this bottle of wine?

~ 해주시겠어요? 열다 이 포도주병

4 My father **works** at a steel company.

나의 아버지 일하다 철강회사에서

5 I managed to arrive right **before** the presentation.

나 겨우 도착했다 바로 전에 발표

6 **Deaf** people can't hear sound well.

귀가 먹은 사람들 들을 수 없다 소리 잘

7 The price of **oil** keeps increasing this year.

기름 가격 계속 올라가고 있다 올해

8 The hunter **hunted** a deer in the woods.

사냥꾼 사냥했다 사슴 숲 속에서

9 **When** is your birthday?

언제이니? 너의 생일

10 **Nice** people do wonderful things.

멋진 사람들 하다 훌륭한 일들

정확한 문장의 해석과 각 단어의 의미는 뒷 부분을 참조하세요.

68일차 영어읽기

읽기 연습후 확인하기 →
← 의미 공부후 확인하기

1 A girl is drawing a **picture** in the park.
어 걸 이즈 주로윙 어 픽처r 인 더 파r크.

2 A **lighthouse** guides ships to a harbor.
얼 라잇하우쓰 가이즈 쉽쓰 투 어 하r버r.

3 He **reached** the island by fishing boat.
히 뤼취(트) 더 아일랜드 바이 피쉬 보웃.

4 I **must** wake up early tomorrow morning.
아이 머스트 웨이껍 어r리 투모로우 모r닝.

5 The deer **hid** behind the big tree.
더 디어r 히잇 비하인(드) 더 빅 추뤼.

6 The policeman **bound** the thief's hands and feet.
더 폴리-쓰맨 바운(드) 더 띠프쓰 핸즈 앤 핏.

7 I was **holding** my bag with one hand.
아이 워즈 호울딩 마이 배엑 위쓰 원 핸드.

8 We went **into** the cave, holding a candle.
위 웬(트) 인투 더 케이브, 호울딩 어 캔들.

9 The **spider** was hanging from the ceiling.
더 스빠이더r 워즈 행잉 프럼 더 씨일링.

10 This **hen** lays a golden egg everyday.
디쓰 헨 레이즈 어 고울든 에그 에브뤼데이.

68일차 영어의미

1 A girl is drawing a **picture** in the park.

소녀 그리고 있다 그림 공원에서

2 A **lighthouse** guides ships to a harbor.

등대는 안내하다 배들 항구에

3 He **reached** the island by fishing boat.

그 도착했다 섬 낚시배로

4 I **must** wake up early tomorrow morning.

나 일어나야만 한다 일찍 내일 아침

5 The deer **hid** behind the big tree.

사슴은 숨었다 큰 나무 뒤에

6 The policeman **bound** the thief's hands and feet.

경찰관 묶었다 도둑의 손과 발

7 I was **holding** my bag with one hand.

나 잡고 있었다 나의 가방 한 손으로

8 We went **into** the cave, holding a candle.

우리 갔다 동굴 안으로, 양초을 잡고

9 The **spider** was hanging from the ceiling.

거미 매달려 있었다 천장으로부터

10 This **hen** lays a golden egg everyday.

이 암탉 낳다 황금 알 매일

정확한 문장의 해석과 각 단어의 의미는 뒷 부분을 참조하세요.

69일차 영어읽기

읽기 연습후 확인하기

의미 공부후 확인하기

1 The **dentist** pulled out a decayed tooth.

더 덴티쓰트 풀다웃 어 디케이(드) 투쓰.

2 She can play the violin **well**.

쉬 캔 플레이 더 바이얼린 웰.

3 He **used** his brain to solve the problem.

히 유스(드) 히즈 브뤠인 투 솔브 더 프롸블럼.

4 She grabbed the rabbit's long **ears**.

쉬 그랩(드) 더 뤠비츠 롱 이어r즈.

5 Hold the flower vase with **care**.

호울(드) 더 플라워r 베이스 위쓰 케어r.

6 A **small** boat arrived at the large castle.

어 스멀 보웃 어롸이브드 앳 더 라r쥐 캐슬.

7 He has to finish his work by **noon**.

히 해즈 투 피니쉬 히즈 워r크 바이 눈.

8 She is wearing wonderful **earrings**.

쉬 이즈 웨어륑 원더r플 이어륑쓰.

9 I **drew** the bird, the tree, and the house.

아이 주루 더 버r드, 더 추뤼, 앤 더 하우쓰.

10 She happily received my **present**.

쉬 해삘리 뤼씨브드 마이 프뤠즌트.

69일차 영어의미

1 The **dentist** pulled out a decayed tooth.

치과 의사 뽑았다 썩은 치아

2 She can play the violin **well**.

그녀 연주할 수 있다 바이올린 잘

3 He **used** his brain to solve the problem.

그 사용했다 그의 두뇌 문제를 풀기 위해서

4 She grabbed the rabbit's long **ears**.

그녀 잡았다 토끼의 긴 귀

5 Hold the flower vase with **care**.

잡아라 꽃병 조심스럽게

6 A **small** boat arrived at the large castle.

작은 배 도착했다 큰 성에

7 He has to finish his work by **noon**.

그 끝내야만 한다 그의 일 정오까지

8 She is wearing wonderful **earrings**.

그녀 입고 있다 멋진 귀걸이

9 I **drew** the bird, the tree, and the house.

나 그렸다 새, 나무 그리고 집

10 She happily received my **present**.

그녀 기쁘게 받았다 나의 선물

정확한 문장의 해석과 각 단어의 의미는 뒷 부분을 참조하세요.

70일차 영어읽기

읽기 연습후 확인하기

의미 공부후 확인하기

1 We **danced** to exciting music

위 댄스(트) 투 익싸이링 뮤직.

2 She had bread and milk for **breakfast**.

쉬 해엣 브뤠드 앤 밀크 포r 브뤠익퍼스트.

3 I erased the wrong letter with an **eraser**.

아이 이뤠이스(트) 더 롱 레러r 윗떠 이뤠이써r.

4 She doesn't have **much** money.

쉬 더즌(트) 해브 머취 머니.

5 He is the **father** of eight children.

히 이즈 더 파더r 어브 에잇 췰주뤈.

6 **Hurry** up, or you will miss the train.

허뤼 업, 오r 유 윌 미쓰 더 추뤠인.

7 I planted flowers and trees in the **garden**.

아이 플랜팃 플라워r쓰 앤 추뤼쓰 인 더 가r든.

8 I was **lucky** enough to find my missing wallet.

아이 워즐 럭키 이너프 투 파인(드) 마이 미씽 월렛.

9 Sleep and food are important for your **health**.

슬립 앤 푸드 아r 임포r튼(트) 포r 유어r 헬쓰.

10 My dog waved his **tail** from side to side.

마이 도그 웨이브드 히즈 테일 프럼 사이(드) 투 싸이드.

70일차 영어의미

1 We **danced** to exciting music

우리 춤췄다 신나는 음악에 맞춰서

2 She had bread and milk for **breakfast**.

그녀 먹었다 빵과 우유 아침식사로

3 I erased the wrong letter with an **eraser**.

나 지웠다 틀린 글자 지우개로

4 She doesn't have **much** money.

그녀 가지고 있지 않다 많은 돈

5 He is the **father** of eight children.

그 ~이다 아버지 8 명 아이들의

6 **Hurry** up, or you will miss the train.

서둘러라, 그렇지 않으면 너는 놓칠 것이다 기차

7 I planted flowers and trees in the **garden**.

나 심었다 꽃과 나무들 정원에

8 I was **lucky** enough to find my missing wallet.

나는 운이 좋았다 ~할 정도로 충분히 발견하다 나의 잃어버린 지갑

9 Sleep and food are important for your **health**.

잠과 음식 ~이다 중요한 너의 건강을 위해

10 My dog waved his **tail** from side to side.

나의 개 흔들었다 그의 꼬리 좌우로

참 잘했습니다

본 영어학습에 대해서 궁금한 점이 있다면
네이버 카페 한글영어 공식카페로
질문해주시면 성심껏
답변을 드리도록 하겠습니다.

http://cafe.naver.com/korchinese/17544

원어민 음성 mp3도 다운 가능합니다

초등영어공부혼자하기
71일차~80일차

71일차 영어읽기

읽기 연습후 확인하기 →
← 의미 공부후 확인하기

1 He **teaches** history at school.
히 티취즈 히스토뤼 앳 스쿨.

2 She **chose** the yellow handkerchief.
쉬 초우즈 더 옐로우 행커r취프.

3 I am **interested** in studying Chinese.
아이 엠 인추뤠스티 린 스터딩 촤이니즈.

4 Leaves fall from the trees in **Autumn**.
리브즈 폴 프럼 더 추뤼즈 인 오텀.

5 We usually go to church on **Sundays**.
위 유즈얼리 고우 투 춰r취 온 썬데이즈.

6 The river flows under the **bridge**.
더 뤼버r 플로우즈 언더r 더 브뤼지.

7 A **strange** person is following us.
어 스추뤠인쥐 퍼r쓴 이즈 팔로윙 어쓰.

8 This is a **secret** between you and me.
디쓰 이즈 어 시크륏 비트윈 유 앤 미.

9 The **queen** is wearing a necklace and earrings.
더 쿠윈 이즈 웨어륑 어 넥클러스 앤 이어륑즈.

10 I'm going to the amusement park on the **weekend**.
아임 고잉 투 더 어뮤즈멘(트) 파r크 온 더 위켄드.

71일차 영어의미

1 He **teaches** history at school.
그 가르치다 역사 학교에서

2 She **chose** the yellow handkerchief.
그녀 선택했다 노란색 손수건

3 I am **interested** in studying Chinese.
나 ~에 흥미가 있다 중국어 공부하는 것

4 Leaves fall from the trees in **Autumn**.
나뭇잎들 떨어지다 나무에서 가을에

5 We usually go to church on **Sundays**.
우리 대개 교회에 가다 일요일마다

6 The river flows under the **bridge**.
강물 흐르다 다리 밑으로

7 A **strange** person is following us.
이상한 사람 따라오고 있다 우리

8 This is a **secret** between you and me.
이것은 비밀이다 너와 나 사이에

9 The **queen** is wearing a necklace and earrings.
여왕 입고 있다 목걸이와 귀걸이

10 I'm going to the amusement park on the **weekend**.
나는 ~갈 것이다 놀이공원에 주말에

72일차 영어읽기

읽기 연습후 확인하기 →
← 의미 공부후 확인하기

1 The mother grabbed the child's **arm**.
더 마더r 그랍(드) 더 촤일즈 암r.

2 The king is wearing a **crown** made out of gold.
더 킹 이즈 웨어륑 어 크롸운 메이드 아우러브 고울드.

3 I ate two bunches of **grapes** for dessert.
아이 에잇 투 번취즈 어브 그뤠입쓰 포r 디저r트.

4 Both **tigers** and lions are dangerous animals.
보우쓰 타이거r쓰 앤 라이언쓰 아r 데인줘뤄쓰 애니멀쓰.

5 The **crazy** person keeps talking.
더 크뤠이지 퍼r쓴 킵쓰 토킹.

6 The **crowd** was shouting his name.
더 크롸우드 워즈 샤우링 히즈 네임.

7 A **pilot** is someone who flies an airplane.
어 파일럿 이즈 썸원 후 플라이즈 언 에어r플레인.

8 The lion is hunting a **zebra** on a grassland.
덜 라이언 이즈 헌팅 어 지브롸 오너 그래슬랜드.

9 I bought a **new** pencil and an eraser.
아이 밧- 어 뉴 펜쓸 앤 던 이뤠이써r.

10 **Chinese** people speak Chinese well.
촤이니즈 피쁠 쓰삐익 촤이니즈 웰.

72일차 영어의미

mp3듣기

1 The mother grabbed the child's **arm**.

어머니 잡았다 아이의 팔

2 The king is wearing a **crown** made out of gold.

왕 쓰고 있다 왕관 금으로 만들어 진

3 I ate two bunches of **grapes** for dessert.

나 먹었다 포도 두 송이 후식으로

4 Both **tigers** and lions are dangerous animals.

호랑이와 사자 둘 다 ~이다 위험한 동물

5 The **crazy** person keeps talking.

미친 사람 계속 이야기하다

6 The **crowd** was shouting his name.

군중 소리치고 있었다 그의 이름

7 A **pilot** is someone who flies an airplane.

조종사 ~이다 사람 비행기를 조종하다

8 The lion is hunting a **zebra** on a grassland.

사자 사냥하고 있다 얼룩말 초원에서

9 I bought a **new** pencil and an eraser.

나 샀다 새로운 연필과 지우개

10 **Chinese** people speak Chinese well.

중국의 사람들 말하다 중국어 잘

73일차 영어읽기

읽기 연습후 확인하기 →
← 의미 공부후 확인하기

1 The **museum** displayed old things.
더 뮤지엄 디쓰플레이드 오울(드) 띵쓰.

2 He borrowed money from the **bank**.
히 바로우드 머니 프럼 더 뱅크.

3 There is a big well in the middle of our **village**.
데어r 이즈 어 빅 인 더 미들 어브 아워r 빌리쥐.

4 She placed the jewel **case** inside the drawer.
쉬 플레이쓰(트) 더 주월 케이쓰 인싸이(드) 더 주롸r.

5 Do you know where the capital of **Japan** is?
두 유 노우 웨어r 더 캐삐를 어브 쥐팬 이즈?

6 Donkeys love red **carrots**.
덩키즈 러브 뤠 캐뤄츠.

7 The train will arrive at its destination **soon**.
더 추뤠인 윌 어롸이브 앳 이츠 데스떠네이션 순.

8 She put her clothes and shoes inside the **bag**.
쉬 풋 허r 클로우즈 앤 슈즈 인싸이(드) 더 백.

9 The scary **wolf** is watching the deer.
더 스께어뤼 월프 이즈 와췽 더 디어r.

10 The **roots** of the tree spread underground.
더 루츠 어브 더 추뤼 스프뤠 언더r그롸운드.

73일차 영어의미

mp3듣기

1 The **museum** displayed old things.

박물관 전시했다 오래 된 물건들

2 He borrowed money from the **bank**.

그 빌렸다 돈 은행에서

3 There is a big well in the middle of our **village**.

~이 있다 큰 우물 가운데에 우리 마을의

4 She placed the jewel **case** inside the drawer.

그녀 넣었다 보석함 서랍 안에

5 Do you know where the capital of **Japan** is?

너는 알고 있니? 어디 수도 일본의 ~이다

6 Donkeys love red **carrots**.

당나귀 좋아하다 빨간 당근

7 The train will arrive at its destination **soon**.

기차 도착할 것이다 목적지에 곧

8 She put her clothes and shoes inside the **bag**.

그녀 넣었다 그녀의 옷과 신발 가방 안에

9 The scary **wolf** is watching the deer.

무서운 늑대 보고 있다 사슴

10 The **roots** of the tree spread underground.

나무의 뿌리 퍼지다 땅 속에

74일차 영어읽기

읽기 연습후 확인하기
의미 공부후 확인하기

1 I wake up at seven **o'clock** every morning.

아이 웨이 컵 앳 세븐 오클락 에브뤼 모r닝.

2 His opinion is **different** from mine.

히즈 오피니언 이즈 디퍼뤈트 프럼 마인.

3 She made a snowman with **snow**.

쉬 메이 러 스노우맨 윗 스노우.

4 He **swam** across the Han river.

히 스웜 어크로쓰 더 한 뤼버r.

5 She is not a painter, but a **writer**.

쉬 이즈 나러 페인터r, 버 러 롸이러r.

6 He is an **important** person at the company.

히 이즈 언 임포r튼(트) 퍼r쓴 앳 더 컴뻐니.

7 My mother is **cooking** in the kitchen.

마이 마더r 이즈 쿠킹 인 더 키췬.

8 A giraffe is a very **tall** animal.

어 쥐래프 이즈 어 베뤼 톨 애니멀.

9 She is as **clever** as a fox.

쉬 이즈 애즈 클레버r 애 저 팍쓰.

10 Everybody, open your textbooks to **page** 19.

에브뤼바디, 오우쁜 유어r 텍스북쓰 투 페이쥐 나인틴.

74일차 영어의미

mp3듣기

1 I wake up at seven **o'clock** every morning.
나 일어나다 7시에 매일 아침

2 His opinion is **different** from mine.
그의 의견 ~이다 다른 나의 것과

3 She made a snowman with **snow**.
그녀 만들었다 눈사람 눈으로

4 He **swam** across the Han river.
그 수영했다 한강을 가로 질러

5 She is not a painter, but a **writer**.
그녀 화가가 아니다 그러나 소설가

6 He is an **important** person at the company.
그 ~이다 중요한 사람 회사에서

7 My mother is **cooking** in the kitchen.
나의 어머니 요리하고 있다 부엌에서

8 A giraffe is a very **tall** animal.
기린은 ~이다 매우 키 큰 동물

9 She is as **clever** as a fox.
그녀 ~이다 ~만큼 영리한 여우

10 Everybody, open your textbooks to **page** 19.
여러분, 너의 교과서를 펴다 19 페이지로

75일차 영어읽기

읽기 연습후 확인하기
의미 공부후 확인하기

1 The shepherd protects the **sheep** from the wolves.
더 쉐퍼r드 프로텍츠 더 쉬입 프럼 더 월브즈.

2 His house is close to the subway **station**.
히즈 하우쓰 이즈 클로우즈 투 더 서브웨이 스떼이션.

3 The **whole** family went to the sauna on the weekend.
더 호울 페믈리 웬 투 더 싸우나 온 더 위켄드.

4 These pants are too **short** for me to wear.
디즈 팬츠 아r 투 쇼r트 포r 미 투 웨어r.

5 I **ate** rice cakes and drank beverages at the party.
아이 에잇 롸이스 케잌쓰 앤 주랭크 베버뤼쥐쓰 앳 더 파r티.

6 At what time does the bank **close** on Fridays?
앳 왓 타임 더즈 더 뱅크 클로우즈 온 프롸이데이즈?

7 He bought round trip **tickets** to Busan.
히 밧- 롸운(드) 추륍 티켓츠 투 부산.

8 It's time to say **goodbye** to your friends.
잇츠 타임 투 쎄이 굿바이 투 유어r 프뤤즈.

9 A dim **light** is blinking in the distance.
어 딤 라잇 이즈 블링킹 인 더 디쓰떤쓰.

10 I parked my car **beside** a fire hydrant.
아이 팔r트 마이 카r 비싸이 더 파이어r 하이주뤈트.

75일차 영어의미

1 The shepherd protects the **sheep** from the wolves.
양치기 지키다 양 늑대들로부터

2 His house is close to the subway **station**.
그의 집 ~이다 가까운 지하철역에

3 The **whole** family went to the sauna on the weekend.
전체 가족 갔다 사우나에 주말에

4 These pants are too **short** for me to wear.
이 바지 ~이다 너무 짧은 내가 입기에는

5 I **ate** rice cakes and drank beverages at the party.
나 먹었다 떡 그리고 마셨다 음료수 파티에서

6 At what time does the bank **close** on Fridays?
몇 시에? 은행 닫다 금요일에

7 He bought round trip **tickets** to Busan.
그 샀다 왕복 티켓 부산으로

8 It's time to say **goodbye** to your friends.
~ 할 시간이다 작별인사 하다 너의 친구들에게

9 A dim **light** is blinking in the distance.
희미한 불빛 깜빡거리고 있다 멀리서

10 I parked my car **beside** a fire hydrant.
나 주차했다 내 차 소화전 옆에

76일차 영어읽기

읽기 연습후 확인하기
의미 공부후 확인하기

1 The soldiers **killed** the enemy with a cannon.
더 솔저r즈 킬(드) 더 에너미 윗 떠 캐넌.

2 Today is a **fine** day for a picnic.
투데이 이즈 어 파인 데이 포r 어 피크닉.

3 She was in a car **accident** two years ago.
쉬 워즈 이너 카r 액시든(트) 투 이어r즈 어고우.

4 He is a friendly and wise **person**.
히 이즈 어 프뤤들리 앤 와이즈 퍼r쓴.

5 The housewife placed a **kettle** above the flame.
더 하우쓰와이프 플레이쓰 떠 케를 어버브 더 플래임.

6 He **broke** the window with a rock.
히 브로욱 더 윈도우 윗떠 롹.

7 What is **that** on the table?
왓 이즈 댓 온 더 테이블?

8 She placed her **hand** on his shoulder.
쉬 플레이쓰트 허r 핸드 온 히즈 쇼울더r.

9 I have little money in my **pockets**.
아이 해브 리를 머니 인 마이 파키츠.

10 They are **fighting** for freedom.
데이 아r 파이링 포r 프뤼듬.

76일차 영어의미

mp3듣기

1 The soldiers **killed** the enemy with a cannon.
군인들 죽였다 적군 대포로

2 Today is a **fine** day for a picnic.
오늘 ~이다 좋은 날 소풍가기에

3 She was in a car **accident** two years ago.
그녀 ~있었다 차 사고에 2 년 전에

4 He is a friendly and wise **person**.
그 ~이다 친절하고 현명한 사람

5 The housewife placed a **kettle** above the flame.
주부 놓았다 주전자 불꽃 위에

6 He **broke** the window with a rock.
그 깼다 창문 돌맹이로

7 What is **that** on the table?
무엇입니까? 저것 탁자 위에

8 She placed her **hand** on his shoulder.
그녀 놓았다 그녀의 손 그의 어깨 위에

9 I have little money in my **pockets**.
나 가지다 적은 돈 내 주머니 속에

10 They are **fighting** for freedom.
그들 싸우고 있다 자유를 위해

77일차 영어읽기

읽기 연습후 확인하기

의미 공부후 확인하기

1 All **plants** need light and water.

올 플랜츠 니잇 라이트 앤 워러r.

2 Don't treat me like a **child**.

도운(트) 추륏 미 라이 꺼 촤일드.

3 Finally a **war** broke out between the two countries.

파이널리 어 워r 브로 까웃 비트윈 더 투 컨추뤼즈.

4 The **trash can** is full of trash.

더 추래쉬 캔 이즈 풀럽 추래쉬.

5 She **thinks** he is a good husband.

쉬 띵쓰 히 이즈 어 굿 허즈밴드.

6 The **cat** is chasing the mouse hard.

더 캣 이즈 췌이씽 더 마우쓰 하r드.

7 He tried to steal **jewels** at the store.

히 추롸잇 투 스틸 주얼즈 앳 더 스또어r.

8 It's already getting hot in **June**.

잇츠 얼뤠디 게링 핫 인 준.

9 It's ok to **bring** your wife and kids.

잇츠 오우케이 투 브륑 유어r 와이프 앤 키즈.

10 He loves both **potatoes** and sweet potatoes.

히 러브즈 보우쓰 포테이토우즈 앤 스윗 포테이토우즈.

77일차 영어의미

mp3듣기

1 All **plants** need light and water.

모든 식물 필요하다 빛과 물

2 Don't treat me like a **child**.

취급하지 마 나 어린 아이처럼

3 Finally a **war** broke out between the two countries.

마침내 전쟁 발생했다 두 나라 간에

4 The **trash can** is full of trash.

쓰레기통 ~로 가득하다 쓰레기

5 She **thinks** he is a good husband.

그녀 생각하다 그 ~이다 좋은 남편

6 The **cat** is chasing the mouse hard.

고양이 쫓고 있다 쥐 열심히

7 He tried to steal **jewels** at the store.

그는 ~하려고 했다 훔치다 보석들 상점에서

8 It's already getting hot in **June**.

벌써 더워지고 있다 6월에

9 It's ok to **bring** your wife and kids.

괜찮다 데려 오는 것 너의 부인과 아이들

10 He loves both **potatoes** and sweet potatoes.

그 좋아하다 감자와 고구마 둘 다

78일차 영어읽기

읽기 연습후 확인하기

의미 공부후 확인하기

1 How was the **trip** to England last year?

하우 워즈 더 추륍 투 잉글랜드 라스트 이어r?

2 I hung the Korean **flag** on the sail of a ship.

아이 헝 더 코뤼언 플래그 온 더 세일 어버 쉽.

3 He parked the car inside the **garage**.

히 팍r트 더 카r 인싸이(드) 더 거롸쥐.

4 Wars destroy world **peace**.

워r즈 디스추로이 워r을드 피-쓰.

5 A **country** is composed of its people and land.

어 컨추뤼 이즈 컴포우즈드 어브 잇츠 피쁠 앤 랜드.

6 **Soccer** is a popular sport in England.

싸커r 이즈 어 파퓰러r 스포r트 인 잉글랜드.

7 He read cartoons in the **newspaper**.

히 뤼드 카r툰쓰 인 더 뉴쓰 페이퍼r.

8 This **summer** vacation is especially short.

디(쓰) 썸머r 베이케이션 이즈 이스뻬셜리 쇼r트.

9 Math is the **most** interesting subject to me.

매쓰 이즈 더 모우스트 인추뤠스팅 서브췍 투 미.

10 From now on, **enter** your own rooms.

프럼 나우 온, 엔터r 유어r 오운 룸즈.

78일차 영어의미

mp3듣기

1 How was the **trip** to England last year?

여행은 어땠어? 영국으로 작년

2 I hung the Korean **flag** on the sail of a ship.

나 걸었다 태극기 돛에 배의

3 He parked the car inside the **garage**.

그 주차했다 차 차고 안에

4 Wars destroy world **peace**.

전쟁 파괴하다 세계 평화

5 A **country** is composed of its people and land.

나라는 ~로 구성되어 있다 국민과 땅

6 **Soccer** is a popular sport in England.

축구 ~이다 인기많은 운동 영국에서

7 He read cartoons in the **newspaper**.

그 읽었다 만화 신문에서

8 This **summer** vacation is especially short.

올해 여름 방학 ~이다 특별히 짧은

9 Math is the **most** interesting subject to me.

수학 ~이다 가장 흥미로운 과목 나에게

10 From now on, **enter** your own rooms.

지금부터 들어가라 너 자신의 방

79일차 영어읽기

읽기 연습후 확인하기
의미 공부후 확인하기

영어읽기

1 I call him by his **nickname**, "Cabbage."

아이 콜 힘 바이 히즈 닉네임, "캐빗쥐."

2 Will you do me a **favor** tonight?

윌 유 두 미 어 페이버r 투나잇?

3 **Dolphins** are very smart animals.

돌핀즈 아r 베뤼 스마r트 애니멀즈.

4 The **snake**'s tongue moves fast.

더 스네익쓰 텅 무브즈 패스트.

5 The massive **wave** pushed the ship to the shore.

더 매씨브 웨이브 푸쉬(트) 더 쉽 투 더 쇼r.

6 She saved **money** in the bank.

쉬 쎄이브드 머니 인 더 뱅크.

7 There are many animals and plants in the **jungle**.

데어r 아r 메니 애니멀즈 앤 플랜츠 인 더 줭글.

8 Dragonflies are **flying** in the sky in Autumn.

주롸근플라이즈 아r 플라잉 인 더 스까이 인 오텀.

9 He is so **smart** that he can solve difficult tests.

히 이즈 쏘우 스마r트 댓 히 캔 솔브 디피컬트 테스츠.

10 It's **foggy** today so you should drive carefully.

잇츠 파기 투데이 쏘우 유 슈웃 주롸이브 케어r플리.

79일차 영어의미

mp3듣기

1 I call him by his **nickname**, "Cabbage."
나 부르다 그 그의 별명으로, "양배추"

2 Will you do me a **favor** tonight?
~ 해주시겠어요? 부탁을 들어주다 오늘밤

3 **Dolphins** are very smart animals.
돌고래 ~이다 매우 똑똑한 동물

4 The **snake**'s tongue moves fast.
뱀의 혀 움직이다 빠르게

5 The massive **wave** pushed the ship to the shore.
거대한 파도 밀었다 배 해안가로

6 She saved **money** in the bank.
그녀 저축했다 돈 은행에

7 There are many animals and plants in the **jungle**.
~ 이 있다 많은 동물과 식물 정글에는

8 Dragonflies are **flying** in the sky in Autumn.
잠자리 날고 있다 하늘에 가을에

9 He is so **smart** that he can solve difficult tests.
그 ~이다 매우 똑똑해서 그 풀 수 있다 어려운 시험

10 It's **foggy** today so you should drive carefully.
안개가 꼈다 오늘 그래서 너 운전해야만 한다 조심스럽게

80일차 영어읽기

읽기 연습후 확인하기

의미 공부후 확인하기

1 **We** used to go to the same kindergarten before.

위 유즈(드) 투 고우 투 더 쎄임 킨더r가r든 비포r.

2 The taxi **driver** kept the traffic light well.

더 택씨 주롸이버r 켑(트) 더 추래픽 라잇 웰.

3 The pillow is too **hard** to sleep on.

더 필로우 이즈 투 하r(드) 투 슬리 뽄.

4 I **remember** the title of the movie.

아이 뤼멤버r 더 타이를 어브 더 무비.

5 She sent a letter from the **post office**.

쉬 센트 어 레러r 프럼 더 포우스트 오피쓰.

6 He **loves** his wife forever.

히 러브즈 히즈 와이프 포r에버r.

7 Soon the **train** will come into the station.

순 더 추뤠인 윌 컴 인투 더 스떼이션.

8 The airplane **arrived** safely at the airport.

디 에어r플레인 어롸이브드 세이플리 앳 디 에어r포r트.

9 I was blind for a while because of the **bright** sun.

아이 워즈 블라인드 포r 어 와일 비코우즈 어브 더 브롸잇 썬.

10 **Hello**, how are you doing these days?

헬로우, 하우 아r 유 두잉 디즈 데이즈?

80일차 영어의미

mp3듣기

1 **We** used to go to the same kindergarten before.
우리 다녔었다 같은 유치원에 전에

2 The taxi **driver** kept the traffic light well.
택시 운전기사 지켰다 교통신호등 잘

3 The pillow is too **hard** to sleep on.
베개 ~이다 너무 딱딱한 베고 자기에

4 I **remember** the title of the movie.
나 기억하다 제목 그 영화의

5 She sent a letter from the **post office**.
그녀 보냈다 편지 우체국에서

6 He **loves** his wife forever.
그 사랑하다 그의 아내 영원히

7 Soon the **train** will come into the station.
곧 기차 올 것이다 역 안으로

8 The airplane **arrived** safely at the airport.
비행기 도착했다 무사히 공항에

9 I was blind for a while because of the **bright** sun.
나는 눈이 멀었다 잠깐동안 ~ 때문에 눈부신 태양

10 **Hello**, how are you doing these days?
안녕하세요 어떻게 지내세요? 요즘

참 잘했습니다

본 영어학습에 대해서 궁금한 점이 있다면
네이버 카페 한글영어 공식카페로
질문해주시면 성심껏
답변을 드리도록 하겠습니다.

http://cafe.naver.com/korchinese/17544

원어민 음성 mp3도 다운 가능합니다

초등영어공부혼자하기
81일차~90일차

81일차 영어읽기

읽기 연습후 확인하기 →
← 의미 공부후 확인하기

1 He **made** the table with wood and tools.
히 메이(드) 더 테이블 위쓰 우드 앤 툴즈.

2 She **guided** the tourists around the palace.
쉬 가이딧 더 투어뤼스츠 어롸운(드) 더 팰러쓰.

3 The teacher **knows** the names of her students.
더 티처r 노우즈 더 네임즈 어브 허r 스튜든츠.

4 The sun and the **moon** are standing in one line.
더 썬 앤 더 문 아r 스땐딩 인 원 라인.

5 The **rich** woman loved the poor man.
더 뤼취 워먼 러브(드) 더 푸어r 맨.

6 The prince and the princess **lived** in the palace.
더 프륀쓰 앤 더 프륀쎄쓰 리브드 인 더 팰러쓰.

7 What time are you leaving **tomorrow**?
왓 타임 아r 유 리빙 투모로우?

8 I want to **go** to the robot museum.
아이 원투 고우 투 더 로우밧 뮤지엄.

9 He found the mushroom **among** the trees.
히 파운(드) 더 머쉬룸 어몽 더 추뤼즈.

10 I can't see ahead because of the heavy **fog**.
아이 캐앤(트) 씨 어헤(드) 비코우즈 어브 더 헤비 파그.

81일차 영어의미

1 He **made** the table with wood and tools.

그 만들었다 탁자 나무와 도구로

2 She **guided** the tourists around the palace.

그녀 안내했다 관광객들 궁전 주변을

3 The teacher **knows** the names of her students.

선생님 알다 그녀의 학생들의 이름

4 The sun and the **moon** are standing in one line.

태양과 달 서 있다 한 줄로

5 The **rich** woman loved the poor man.

그 부유한 여자 사랑했다 가난한 남자

6 The prince and the princess **lived** in the palace.

왕자와 공주 살았다 궁전에서

7 What time are you leaving **tomorrow**?

몇 시 너는 떠날거니? 내일

8 I want to **go** to the robot museum.

나 가고 싶다 로보트 박물관에

9 He found the mushroom **among** the trees.

그 찾았다 버섯 나무들 사이에

10 I can't see ahead because of the heavy **fog**.

나 볼 수 없다 앞으로 ~ 때문에 짙은 안개

영어읽기

82일차 영어읽기

읽기 연습후 확인하기

의미 공부후 확인하기

1 **Maybe** our team will win next year.

메이비 아워r 팀 윌 윈 넥스트 이어r.

2 In spring, **warm** wind starts to blow.

인 스프륑, 웜 윈드 스타r츠 투 블로우.

3 **Twins** have very similar faces.

트윈쓰 해브 베뤼 시믈러r 페이시즈.

4 I like **peaches** more than strawberries.

아일 라잌 피취즈 모어r 댄 스추로베뤼즈.

5 He needs to exercise because he is too **fat**.

히 니즈 투 엑썰싸이즈 비코우즈 히 이즈 투 팻.

6 Too much **sugar** and salt is bad for your health.

투 머취 슈거r 앤 솔트 이즈 배-드 포r 유어r 헬쓰.

7 She got her pinky finger stuck in the **door**.

쉬 갓 허r 핑키 핑거r 스떡 인 더 도어r.

8 That gold watch is a **gift** from my father.

댓 고울드 왓취 이즈 어 기프트 프럼 마이 파더r.

9 He is a high school Physical Education **teacher**.

히 이즈 어 하이 스쿨 피지컬 에쥬케이션 티처r.

10 I took a chemistry **course** this semester.

아이 투꺼 케미스추뤼 코r쓰 디(쓰) 쎄미스터r.

82일차 영어의미

mp3듣기

1 **Maybe** our team will win next year.
아마도 우리팀 이길 것이다 내년

2 In spring, **warm** wind starts to blow.
봄에, 따뜻한 바람 불기 시작한다

3 **Twins** have very similar faces.
쌍둥이 가지다 매우 비슷한 얼굴

4 I like **peaches** more than strawberries.
나 좋아하다 복숭아 ~ 보다 더 딸기

5 He needs to exercise because he is too **fat**.
그 운동할 필요가 있다 ~ 때문에 그는 너무 뚱뚱하다

6 Too much **sugar** and salt is bad for your health.
너무 많은 설탕과 소금 ~이다 나쁜 너의 건강에

7 She got her pinky finger stuck in the **door**.
그녀 당하다 그녀의 새끼 손가락 꼈다 문에

8 That gold watch is a **gift** from my father.
저 금 시계는 ~이다 선물 나의 아버지로부터

9 He is a high school Physical Education **teacher**.
그 ~이다 고등학교 체육 선생님

10 I took a chemistry **course** this semester.
나 들었다 화학 강의 이번 학기

83일차 영어읽기

읽기 연습후 확인하기 →
← 의미 공부후 확인하기

1 Let's make sure there are no secrets **between** us.
레츠 메잌 슈어r 데어r 아r 노우 시크뤼츠 비트위 너쓰.

2 The farmer grows corn on the **field**.
더 파r머r 그로우즈 콘r 온 더 필드.

3 She cut her thumb with the **knife**.
쉬 컷 허r 떰 윋 떠 나이프.

4 I want to become a singing **musician**.
아이 원투 비컴 어 싱잉 뮤지션.

5 My mom **wakes** me up at 6 o'clock.
마이 맘 웨잌쓰 미 업 앳 씩쓰 어클락.

6 A human being feels much **pressure** under water.
어 휴먼 비잉 필즈 머취 프레셔r 언더r 워러r.

7 She has a **dog** and a snake as pets.
쉬 해즈 어 도그 앤 더 스네이크 애즈 페츠.

8 I have **almost** finished my science homework.
아이 해브 올모우스트 피니쉬트 마이 싸이언쓰 호움워r크.

9 The flight was cancelled because of heavy **rain**.
더 플라잇 워즈 캔슬드 비코우즈 어브 헤비 뤠인.

10 How's the **weather** outside now?
하우즈 더 웨더r 아웃싸이(드) 나우?

83일차 영어의미

mp3듣기

1 Let's make sure there are no secrets **between** us.

분명히 하자 비밀이 없다. 우리 사이에

2 The farmer grows corn on the **field**.

농부 재배하다 옥수수 들판에서

3 She cut her thumb with the **knife**.

그녀 베였다 엄지손가락 칼에 의해

4 I want to become a singing **musician**.

나 되고 싶다 노래하는 음악가

5 My mom **wakes** me up at 6 o'clock.

나의 엄마 나를 깨우다 6 시에

6 A human being feels much **pressure** under water.

인간 느끼다 많은 압력 물 속에서

7 She has a **dog** and a snake as pets.

그녀 키우다 개와 뱀 애완동물로

8 I have **almost** finished my science homework.

나 거의 끝냈다 나의 과학 숙제

9 The flight was cancelled because of heavy **rain**.

비행기 취소됐다 ~ 때문에 심한 비

10 How's the **weather** outside now?

날씨는 어때? 바깥 지금

84일차 영어읽기

읽기 연습후 확인하기 →
← 의미 공부후 확인하기

1 The scientist has a great **idea**.
더 싸이언티스트 해즈 어 그뤠잇 아이디어.

2 He put on the backpack on his **shoulder**.
히 풋 온 더 백팩 온 히즈 쇼울더r.

3 The shepherd found the missing **lamb**.
더 쉐퍼r드 파운(드) 더 미씽 램.

4 Soldiers have to follow their superior's **orders**.
솔저r쓰 해브 투 팔로우 데어r 수퍼리어r쓰 오r더r쓰.

5 The **bakery** sells delicious bread.
더 베이커뤼 셀즈 들리쉬어쓰 브뤠드.

6 She doesn't **like** his idea.
쉬 더즌(트) 라익 히즈 아이디어.

7 The tourists are looking at the **map** of Seoul.
더 투어뤼스츠 아r 루킹 앳 더 맵 어브 써울.

8 I am **waiting** for the snow to stop.
아이 앰 웨이링 포r 더 스노우 투 스땁.

9 She lit up the **stove** using paper.
쉬 리럽 더 스토우브 유징 페이뻐r.

10 My uncle has cows, chickens and **pigs**.
마이 엉끌 해즈 카우즈, 취킨즈, 앤 피그즈.

84일차 영어의미

mp3듣기

1 The scientist has a great **idea**.
과학자 가지다 좋은 생각

2 He put on the backpack on his **shoulder**.
그 메다 가방 그의 어깨에

3 The shepherd found the missing **lamb**.
목동 찾았다 잃어버린 새끼양

4 Soldiers have to follow their superior's **orders**.
군인들 따라야만 한다 그들 상사의 명령

5 The **bakery** sells delicious bread.
빵집 팔다 맛있는 빵

6 She doesn't **like** his idea.
그녀 좋아하지 않는다 그의 생각

7 The tourists are looking at the **map** of Seoul.
여행객들 ~을 보고 있다 서울의 지도

8 I am **waiting** for the snow to stop.
나 ~를 기다리고 있다 눈이 멈추기

9 She lit up the **stove** using paper.
그녀 불을 붙였다 난로 종이를 사용해서

10 My uncle has cows, chickens and **pigs**.
나의 삼촌 가지다 소, 닭 그리고 돼지

85일차 영어읽기

읽기 연습후 확인하기 →
← 의미 공부후 확인하기

1 I hung next year's **calendar** on the wall.

아이 헝 넥스트 이어r즈 캘린더r 온 더 월.

2 It was the hottest **day** of the year.

잇 워즈 더 핫티스(트) 데이 어브 더 이어r.

3 The earth is not **flat** but round.

디 어r쓰 이즈 낫 플랫 벗 롸운드.

4 He thinks **time** is money.

히 띵(크)쓰 타임 이즈 머니.

5 Last night the white snow **covered** the whole land.

라슷 나잇 더 와잇 스노우 커버r드 더 호울 랜드.

6 Finally the baby **began** to talk.

파이늘리 더 베이비 비겐 투 토크.

7 In nature the **cycle** of water occurs.

인 네이처r 더 싸이클 어브 워러r 어커r즈.

8 What is **this**? That is a pencil.

왓 이즈 디쓰? 댓 이즈 어 펜슬.

9 He is wearing **jeans** and sneakers.

히 이즈 웨어륑 쥔쓰 앤 스니꺼r쓰.

10 Did you **hear** the strange sound outside?

디 쥬 히어r 더 스추뤠인쥐 싸운드 아웃싸이드?

85일차 영어의미

mp3듣기

1 I hung next year's **calendar** on the wall.
나 걸었다 내년 달력 벽에

2 It was the hottest **day** of the year.
제일 더운 날이었다 그 해의

3 The earth is not **flat** but round.
지구 평평하지 않다 그러나 둥근

4 He thinks **time** is money.
그 생각하다 시간은 돈이다

5 Last night the white snow **covered** the whole land.
지난 밤 흰 눈 덮었다 전체의 땅

6 Finally the baby **began** to talk.
마침내 아기 말하기 시작했다

7 In nature the **cycle** of water occurs.
자연에서 물의 순환 발생하다

8 What is **this**? That is a pencil.
이것은 무엇입니까? 그것은 ~이다 연필

9 He is wearing **jeans** and sneakers.
그 입고 있다 청바지와 운동화

10 Did you **hear** the strange sound outside?
너는 들었어? 이상한 소리 바깥에서

정확한 문장의 해석과 각 단어의 의미는 뒷 부분을 참조하세요.

86일차 영어읽기

읽기 연습후 확인하기

의미 공부후 확인하기

영어읽기

1 I picked up my son from **kindergarten**.

아이 픽떱 마이 썬 프럼 킨더r가r튼.

2 She drew an amazing picture with the **pencil**.

쉬 주루 언 어메이징 픽쳐r 윗 떠 펜슬.

3 We built a castle with **sand** at the beach.

위 빌트 어 캐슬 윗 쌘드 앳 더 비취.

4 The **clock** on the wall is five minutes late.

더 클락 온 더 월 이즈 파이브 미니츨 레잇.

5 The third pig built the house with **bricks**.

더 써r드 피그 빌(트) 더 하우쓰 윗 브뤽쓰.

6 He wanted to hear my **frank** opinion.

히 원팃 투 히어r 마이 프뤵크 오피니언.

7 Different cars are speeding down the **road**.

디퍼뤈(트) 카r즈 아r 스삐딩 다운 더 로우드.

8 She **kept** the room warm with the stove.

쉬 켑(트) 더 룸 웜 윗 떠 스토우브.

9 I **walked** to my company yesterday.

아이 웍(트) 투 마이 컴뻐니 예스떠r데이.

10 He inserted a **coin** in the vending machine.

히 인써r팃 어 코인 인 더 벤딩 머쉰.

86일차 영어의미

1 I picked up my son from **kindergarten**.
나 데리고 왔다 나의 아들 유치원에서

2 She drew an amazing picture with the **pencil**.
그녀 그렸다 놀라운 그림 연필로

3 We built a castle with **sand** at the beach.
우리 지었다 성 모래로 해변에서

4 The **clock** on the wall is five minutes late.
시계 벽에 ~이다 5 분 느린

5 The third pig built the house with **bricks**.
3번째 돼지 지었다 집 벽돌로

6 He wanted to hear my **frank** opinion.
그 듣고 싶어 했다 나의 솔직한 의견

7 Different cars are speeding down the **road**.
다른 차들 달리고 있다 도로

8 She **kept** the room warm with the stove.
그녀 유지했다 방 따뜻한 난로로

9 I **walked** to my company yesterday.
나 걸었다 나의 회사에 어제

10 He inserted a **coin** in the vending machine.
그 집어넣었다 동전 자동판매기에

87일차 영어읽기

읽기 연습후 확인하기

의미 공부후 확인하기

영어읽기

1 There are four distinctive **seasons** in Korea.

데어r 아r 포어r 디스팅티브 시즌즈 인 코뤼아.

2 I learn horse riding on every **Saturday**.

아이 런 호r쓰 롸이딩 온 에브뤼 새러r데이.

3 She drew a circle on the ground with a **stick**.

쉬 주루 어 써r클 온 더 그롸운드 윗 떠 스띡.

4 I wiped my sweat with a **clean** handkerchief.

아이 와입트 마이 스웻 윗 떠 클린 핸커r취프.

5 He **drove** his car like a crazy person.

히 주로우브 히즈 카r 라이꺼 크뤠이지 퍼r쓴.

6 The musician stood silently on the **stage**.

더 뮤지션 스뚜읏 싸일런-리 온 더 스떼이쥐.

7 She keeps the **toilet** clean.

쉬 킵쓰 더 토일렛 클린.

8 The bees fly through the **flowers**.

더 비즈 플라이 쓰루 더 플라워r즈.

9 **Deer** are a good target for the lion.

디어r 아r 어 굿 타r겟 포r 덜 라이언.

10 The pilot flew the **airplane** safely.

더 파일럿 플루 더 에어r플레인 쎄이플리.

87일차 영어의미

mp3듣기

1 There are four distinctive **seasons** in Korea.

~이 있다 4 개의 뚜렷한 계절 한국에

2 I learn horse riding every **Saturday**.

나 배우다 말 타는 것 매주 토요일

3 She drew a circle on the ground with a **stick**.

그녀 그렸다 원 땅 위에 막대기로

4 I wiped my sweat with a **clean** handkerchief.

나 닦았다 나의 땀 깨끗한 손수건으로

5 He **drove** his car like a crazy person.

그 운전했다 그의 차 미친 사람처럼

6 The musician stood silently on the **stage**.

음악가 섰다 조용히 무대 위에

7 She keeps the **toilet** clean.

그 유지하다 화장실 깨끗한

8 The bees fly through the **flowers**.

벌들 날다 꽃들 사이로

9 **Deer** are a good target for the lion.

사슴 ~이다 좋은 표적 사자에게

10 The pilot flew the **airplane** safely.

조종사 조종했다 비행기 안전하게

88일차 영어읽기

읽기 연습후 확인하기
의미 공부후 확인하기

1 I **wrote** a letter of appreciation to my friend.

아이 로우트 얼 레러r 어브 어프뤼시에이션 투 마이 프뤤드.

2 The princess was kept in the **tower** for 20 years.

더 프륀쎄쓰 워즈 켑트 인 더 타워r 포r 트웨니 이어r즈.

3 The **brave** prince saved the princess.

더 브뤠이브 프륀쓰 쎄이브(드) 더 프륀쎄쓰.

4 He pulled the rubber band **back**.

히 풀(드) 더 뤄버r 밴(드) 백.

5 She **thanked** me for coming to the party.

쉬 땡(트) 미 포r 커밍 투 더 파r티.

6 The witch asked the **mirror** on the wall.

더 윗취 애슥(트) 더 미뤄r 온 더 월.

7 She **smiled** at his funny story.

쉬 스마일드 앳 히즈 퍼니 스토뤼.

8 **Few** people know about the secret room.

퓨 피쁠 노우 어바웃 더 시크륏 룸.

9 Ants are fast and snails are **slow**.

앤츠 아r 패스트 앤 스네일즈 아r 슬로우.

10 I have already read the novel **twice**.

아이 해브 얼뤠디 뤠엣 더 나블 투와이쓰.

88일차 영어의미

mp3듣기

1 I **wrote** a letter of appreciation to my friend.
나 썼다 감사의 편지 내 친구에게

2 The princess was kept in the **tower** for 20 years.
공주 갇혀 있었다 탑안에 20년 동안

3 The **brave** prince saved the princess.
용감한 왕자 구했다 공주

4 He pulled the rubber band **back**.
그 당겼다 고무줄 뒤로

5 She **thanked** me for coming to the party.
그녀 나에게 감사했다 온 것에 대해 파티에

6 The witch asked the **mirror** on the wall.
마녀는 물었다 거울 벽에

7 She **smiled** at his funny story.
그녀 웃었다 그의 웃긴 이야기에

8 **Few** people know about the secret room.
소수의 사람 알다 비밀 방에 대해

9 Ants are fast and snails are **slow**.
개미들 ~이다 빠른 그리고 달팽이들 ~이다 느린

10 I have already read the novel **twice**.
나 이미 읽었다 그 소설 두 번

89일차 영어읽기

읽기 연습후 확인하기
의미 공부후 확인하기

1 My head hurts because the **pillow** is too hard.

마이 헤드 허r츠 비코우즈 더 필로우 이즈 투 하r드.

2 He is trying to **solve** the math problem.

히 이즈 추롸잉 투 솔브 더 매쓰 프롸블럼.

3 She visits America twice a **year**.

쉬 비짓츠 어메뤼카 투와이쓰 어 이어r.

4 The car's wheels are **turning** very fast.

더 카r즈 윌즈 아r 터r닝 베뤼 패스트.

5 Air pollution is a **problem** to all living things.

에어r 펄루션 이즈 어 프롸블럼 투 올 리빙 띵쓰.

6 We **caught** jellyfish at sea.

위 캇- 젤리피쉬 앳 씨-.

7 They dug out **gold** and silver in the valley.

데이 더가웃 고울드 앤 실버r 인 더 밸리.

8 He was so **sleepy** that he went to bed early.

히 워즈 쏘우 슬리삐 댓 히 웬 투 베엣 어r리.

9 The final **score** of the football game was 5:10.

더 파이늘 스코어r 어브 더 풋볼 게임 워즈 파이브 투 텐.

10 She was **hungry** enough to eat a rock.

쉬 워즈 헝그뤼 이너프 투 이러 롹.

89일차 영어의미

1 My head hurts because the **pillow** is too hard.
나의 머리 아프다 ~ 때문에 베개 ~이다 너무 딱딱한

2 He is trying to **solve** the math problem.
그 풀려고 노력하고 있다 수학 문제

3 She visits America twice a **year**.
그녀 방문하다 미국 1 년에 두 번

4 The car's wheels are **turning** very fast.
차의 바퀴 돌고 있다 매우 빠르게

5 Air pollution is a **problem** to all living things.
공해는 ~이다 문제 모든 살아있는 것들에게

6 We **caught** jellyfish at sea.
우리 잡았다 해파리 바다에서

7 They dug out **gold** and silver in the valley.
그들 파냈다 금과 은 계곡에서

8 He was so **sleepy** that he went to bed early.
그 ~였다 너무 졸려서 그 잠자리에 들었다 일찍

9 The final **score** of the football game was 5:10.
마지막 점수 축구시합의 ~였다 5:10

10 She was **hungry** enough to eat a rock.
그녀 ~였다 배고픈 ~할 정도로 충분한 돌을 먹다

90일차 영어읽기

읽기 연습후 확인하기
의미 공부후 확인하기

1 Getting up early in the morning is a good **habit**.

게링 업 어r리 인 더 모r닝 이즈 어 굿 해빗.

2 I like science more than **math**.

아일 라익 싸이언쓰 모어r 댄 매쓰.

3 What is your **number** in your class?

왓 이즈 유어r 넘버r 인 유어r 클래쓰?

4 He understood his older brother's **advice** well.

히 언더r스뚜웃 히즈 올더r 브롸더r즈 어드바이쓰 웰.

5 I don't know if she is **alive** or dead.

아이 도운(트) 노우 이프 쉬 이즈 얼라이브 오r 데엣.

6 All **parents** love their children.

올 패런츠 러브 데어r 췰주뤈.

7 We are planning to **paint** the house yellow.

위 아r 플래닝 투 페인(트) 더 하우쓰 옐로우.

8 He is young **but** he is strong.

히 이즈 영 벗 히 이즈 스추롱.

9 **Where** are you going during winter vacation?

웨어r 아r 유 고잉 주륑 윈터r 베이케이션?

10 The beggar **became** the president a few years later.

더 베거r 비케임 더 프뤠지든트 어 퓨 이어r즈 레이러r.

90일차 영어의미

mp3듣기

1 Getting up early in the morning is a good **habit**.
일찍 일어나는 것 / 아침에 / ~이다 / 좋은 습관

2 I like science more than **math**.
나 좋아하다 과학 / 수학보다 더

3 What is your **number** in your class?
무엇~이니? / 너의 번호 / 너의 반에서

4 He understood his older brother's **advice** well.
그 / 이해했다 / 그의 형의 조언 / 잘

5 I don't know if she is **alive** or dead.
나 / 모른다 / 그녀가 살았는지 죽었는지

6 All **parents** love their children.
모든 부모님 / 사랑하다 / 그들의 아이들

7 We are planning to **paint** the house yellow.
우리 / 계획하고 있다 / 집을 색칠하는 것 / 노란색

8 He is young **but** he is strong.
그 ~이다 / 어린 / 그러나 / 그 ~이다 / 강한

9 **Where** are you going during winter vacation?
너는 어디에 갈거니? / 겨울 방학 동안

10 The beggar **became** the president a few years later.
거지 / 되었다 / 대통령 / 몇 년 후에

참 잘했습니다

본 영어학습에 대해서 궁금한 점이 있다면
네이버 카페 한글영어 공식카페로
질문해주시면 성심껏
답변을 드리도록 하겠습니다.

http://cafe.naver.com/korchinese/17544

원어민 음성 mp3도 다운 가능합니다

초등영어공부혼자하기
91일차~100일차

91일차 영어읽기

읽기 연습후 확인하기 →
← 의미 공부후 확인하기

1 **Ice**, snow and water are all the same in the end.

아이쓰, 스노우 앤 워러r 아r 올 더 쎄임 인 디 엔드.

2 Many soldiers died in the last **battle**.

메니 쏘을저r쓰 다이드 인 더 라스(트) 베를.

3 I am **just** tired right now.

아이 엠 저스(트) 타이어r드 롸잇 나우.

4 **Pigeons** are gathering around the city park.

피줜쓰 아r 게더륑 어롸운(드) 더 씨티 파r크.

5 He uses the living room as a **dining room**.

히 유지즈 더 리빙 룸 애즈 어 다이닝 룸.

6 They want to **change** the color of their house.

데이 원투 췌인쥐 더 컬러r 어브 데어r 하우쓰.

7 Rabbits like onions, **cabbage**, and carrots.

뤠비츠 라잌 어니언쓰, 캐비쥐, 앤 캐뤄츠.

8 All living things can't escape from **death**.

올 리빙 띵쓰 캐앤(트) 에스케입 프럼 데쓰.

9 Around what time does school **finish** usually?

어롸운드 왓 타임 더(즈) 스쿨 피니쉬 유주얼리?

10 I can **slide** easily on the ice.

아이 캔 슬라이드 이즐리 온 디 아이쓰.

91일차 영어의미

1 **Ice**, snow and water are all the same in the end.

얼음, 눈과 물 ~이다 모두 같은 결국에는

2 Many soldiers died in the last **battle**.

많은 군인들 죽었다 지난 전투에서

3 I am **just** tired right now.

나 ~이다 단지 피곤한 바로 지금

4 **Pigeons** are gathering around the city park.

비둘기들 모여 있다 도시 공원 주위에

5 He uses the living room as a **dining room**.

그 사용하다 거실 식당으로

6 They want to **change** the color of their house.

그들 바꾸길 원한다 그들의 집의 색깔

7 Rabbits like onions, **cabbage**, and carrots.

토끼 좋아하다 양파, 양배추, 그리고 당근

8 All living things can't escape from **death**.

모든 살아있는 생물 도망갈 수 없다 죽음으로 부터

9 Around what time does school **finish** usually?

몇 시쯤 학교는 끝나니? 보통

10 I can **slide** easily on the ice.

나 미끄러질 수 있다 쉽게 얼음 위에서

92일차 영어읽기

읽기 연습후 확인하기 →
← 의미 공부후 확인하기

1 The sky is **clear** without a spot of cloud.
더 스까이 이즈 클리어r 위다웃 어 스빳 어브 클라우드.

2 They arrived at the island on a **boat**.
데이 어롸이브드 앳 더 아일랜드 오너 보웃.

3 He **reads** the newspaper every morning.
히 뤼즈 더 뉴쓰페이퍼r 에브뤼 모r닝.

4 That boy **swings** his arms while walking.
댓 보이 스윙쓰 히즈 암즈 와일 워킹.

5 She found a jellyfish at the **beach**.
쉬 파운드 어 젤리피쉬 앳 더 비취.

6 The **artist** is exhibiting his paintings at the gallery.
디 아r티스트 이즈 엑지비링 히즈 페인팅쓰 앳 더 갤러뤼.

7 His birthday is in **April**.
히즈 버r쓰데이 이즈 인 에이프륄.

8 My **dear** children have grown up well.
마이 디어r 췰주뤈 해브 그로우넙 웰.

9 He is buying a **book** at the bookstore.
히 이즈 바잉 어 북 앳 더 북스또어r.

10 There is an island in the **middle** of the Han River.
데어r 이즈 언 아일랜드 인 더 미들 어브 더 한 뤼버r.

92일차 영어의미

1 The sky is **clear** without a spot of cloud.

하늘 ~이다 맑은 ~없이 구름 한 점

2 They arrived at the island on a **boat**.

그들 도착했다 섬에 배로

3 He **reads** the newspaper every morning.

그 읽다 신문 매일 아침

4 That boy **swings** his arms while walking.

소년 흔들다 그의 팔 걷는 동안에

5 She found a jellyfish at the **beach**.

그녀 발견했다 해파리 해변에서

6 The **artist** is exhibiting his paintings at the gallery.

예술가 전시하고 있다 그의 그림들 화랑에서

7 His birthday is in **April**.

그의 생일은 ~있다 4월에

8 My **dear** children have grown up well.

나의 사랑하는 아이들 자랐다 잘

9 He is buying a **book** at the bookstore.

그 사고 있다 책 서점에서

10 There is an island in the **middle** of the Han River.

~이 있다 섬 중간에 한강의

93일차 영어읽기

읽기 연습후 확인하기
의미 공부후 확인하기

1 **Owls** are birds that are mostly active at night.

아울즈 아r 버r즈 댓 아r 모우슬리 액티브 앳 나잇.

2 Some people believe that the **Earth** is square.

썸 피쁠 블리브 댓 디 어r쓰 이즈 스쿠웨어r.

3 She decided to **join** the volleyball competition.

쉬 디싸이딧 투 조인 더 발리볼 컴뻬티션.

4 The **nurse** is assisting the dentist at his side.

더 너r쓰 이즈 어씨스팅 더 덴티스트 앳 히(즈) 싸이드.

5 I put the socks and underwear inside the **box**.

아이 풋 더 싹쓰 앤 언더r웨어r 인싸이(드) 더 박스.

6 A deer is a sad animal because it has a long **neck**.

어 디어r 이즈 어 새드 애니멀 비코우즈 잇 해즈 어 롱 넥.

7 You're **foolish** not to know this problem.

유어r 풀리쉬 낫 투 노우 디쓰 프롸블럼.

8 We can travel to the moon in the **future**.

위 캔 추래블 투 더 문 인 더 퓨처r.

9 He is **ready** to give his speech on the platform.

히 이즈 뤠디 투 기브 히(즈) 스삐취 온 더 플랫폼.

10 He loves **paintings** with running horses.

히 러브즈 페인팅스 윗 뤄닝 호r시즈.

93일차 영어의미

mp3듣기

1 Owls are birds that are mostly active at night.
부엉이들 ~이다 새들 ~이다 대개 활동적인 밤에

2 Some people believe that the **Earth** is square.
어떤 사람들 믿다 지구 ~이다 사각형

3 She decided to **join** the volleyball competition.
그녀 참가하기로 결심했다 배구 대회

4 The **nurse** is assisting the dentist at his side.
간호사 돕고 있다 치과의사 그의 옆에서

5 I put the socks and underwear inside the **box**.
나 넣다 양말과 속옷 상자 안에

6 A deer is a sad animal because it has a long **neck**.
사슴 ~이다 슬픈 동물 ~ 때문에 그것 가지다 긴 목

7 You're **foolish** not to know this problem.
너는 어리석다 모르다니 이 문제

8 We can travel to the moon in the **future**.
우리 여행할 수 있다 달에 미래에

9 He is **ready** to give his speech on the platform.
그 ~할 준비가 된 연설을 하다 연단에서

10 He loves **paintings** with running horses.
그 좋아하다 그림들 달리는 말이 있는

94일차 영어읽기

읽기 연습후 확인하기
의미 공부후 확인하기

1 They **welcomed** the players' entrance.
데이 웰컴(드) 더 플레이어r스 엔추뤤쓰.

2 His behavior follows his **mind**.
히즈 비헤이비어r 팔로우즈 히즈 마인드.

3 My father and **mother** get along well nowadays.
마이 파더r 앤 마더r 게럴롱 웰 나우어데이즈.

4 He **threw** the branch at the bear.
히 쓰루 더 브뤤취 앳 더 베어r.

5 She added chocolate **powder** into the hot water.
쉬 애릿 촤콜릿 파우더r 인투 더 핫 워러r.

6 The teacher gave us **easy** math problems.
더 티처r 게이버쓰 이지 매쓰 프롸블럼쓰.

7 I really **wish** for his success.
아이 뤼을리 위쉬 포r 히(즈) 썩쎄쓰.

8 She built a wooden house next to the **lake**.
쉬 빌트 어 우든 하우쓰 넥스 투 더 레이크.

9 The **police** work for their country and its people.
더 폴리-쓰 워r크 포r 데어r 컨추뤼 앤 잇츠 피쁠.

10 The girl is folding a **paper** into a crane.
더 걸 이즈 포을딩 어 페이뻐r 인투 어 크뤠인.

94일차 영어의미

mp3듣기

1 They **welcomed** the players' entrance.
그들 환영했다 선수들의 입장

2 His behavior follows his **mind**.
그의 행동 따라가다 그의 마음

3 My father and **mother** get along well nowadays.
나의 아버지와 어머니 잘 지내다 요즘

4 He **threw** the branch at the bear.
그 던졌다 나뭇가지 곰에게

5 She added chocolate **powder** into the hot water.
그녀 넣었다 초콜릿 가루 뜨거운 물에

6 The teacher gave us **easy** math problems.
선생님은 주었다 우리 쉬운 수학 문제들

7 I really **wish** for his success.
나 정말로 ~를 바라다 그의 성공

8 She built a wooden house next to the **lake**.
그녀 지었다 나뭇집 호수 옆에

9 The **police** work for their country and its people.
경찰 일하다 그의 국가와 국민을 위해

10 The girl is folding a **paper** into a crane.
소녀 접고 있다 종이 학으로

95일차 영어읽기

읽기 연습후 확인하기 →
← 의미 공부후 확인하기

1 He brushes his **teeth** three times a day.
히 브러쉬즈 히즈 티쓰 쓰뤼 타임즈 어 데이.

2 The **gentleman** greeted the lady.
더 젠틀맨 그뤼팃 더 레이리.

3 The **soldiers** fought bravely in the battle.
더 소울저r 포웃 브래이블리 인 더 배를.

4 The people are marching down the **street**.
더 피플 아r 마r칭 다운 더 스추륏.

5 We climbed up to the **top** of the mountain.
위 클라임 덥 투 더 탑 어브 더 마운튼.

6 He **sells** ice-cream and cookies.
히 셀즈 아이스크륌 앤 쿠키즈.

7 You need a scarf and gloves in **winter**.
유 니 더 스카r프 앤 글러브즈 인 윈터r.

8 **Take** a large suitcase with you when travelling abroad.
테이 꺼 라r쥐 수웃케이스 위드 유 웬 추래블링 어브로드.

9 Today's first class is an art **lesson**.
투데이즈 퍼r스트 클래스 이즈 언 아r트 레슨.

10 The **stars** are shining brightly in the dark sky.
더 스타r쓰 아r 샤이닝 브롸잇리 인 더 다r크 스카이.

95일차 영어의미

mp3듣기

1 He brushes his **teeth** three times a day.
그 닦다 그의 이빨들 세 번 하루에

2 The **gentleman** greeted the lady.
신사 인사했다 숙녀

3 The **soldiers** fought bravely in the battle.
군인들 싸웠다 용감하게 전투에서

4 The people are marching down the **street**.
사람들은 행진을 하고 있다 길 아래로

5 We climbed up to the **top** of the mountain.
우리 ~에 올라갔다 산의 정상

6 He **sells** ice-cream and cookies.
그 팔다 아이스크림과 쿠키

7 You need a scarf and gloves in **winter**.
너 필요하다 목도리와 장갑 겨울에

8 **Take** a large suitcase with you when travelling abroad.
가져 가다 큰 여행가방 너와 함께 해외여행 갈 때

9 Today's first class is an art **lesson**.
오늘의 첫 번째 수업 ~이다 미술수업

10 The **stars** are shining brightly in the dark sky.
별들 빛나고 있다 밝게 어두운 하늘에서

96일차 영어읽기

읽기 연습후 확인하기
의미 공부후 확인하기

1 I will take a rest at home in the **evening**.
아이 윌 테이 꺼 뤠스트 앳 호움 인 더 이브닝.

2 The woman is talking to the man over the **phone**.
더 워먼 이즈 토킹 투 더 맨 오우버r 더 포운.

3 When is your **birthday**? It's March fifth.
웬 이즈 유어r 버r쓰데이? 잇츠 마r취 퓦쓰.

4 The dog is **quickly** wagging its tail from side to side.
더 독- 이즈 쿠위클리 왜-깅 잇츠 테일 프럼 사이 투 사이드.

5 There is so much **useful** information in this book.
데어r 이즈 쏘우 머취 유즈플 인포r메이션 인 디쓰 북.

6 Dad is washing the **dishes** in the kitchen.
대-드 이즈 와쉬 더 디쉬즈 인 더 키췬.

7 I was so cold that I drank **hot** water.
아이 워즈 쏘우 코울드 댓 아이 주랭크 핫 워러r.

8 **Many** people attended the meeting.
메니 피플 어텐딛 더 미링.

9 **All** people are afraid of failure.
올 피플 아r 어프뤠이드 어브 페일루어r.

10 That movie is not **interesting** at all.
댓 무비 이즈 낫 인추뤠스팅 애롤.

 | "프는 f", "브는 v", "르, *r 는 r" 발음을 생각하면서 읽으세요.

96일차 영어의미

1 I will take a rest at home in the **evening**.
나 휴식할 것이다 집에서 저녁에

2 The woman is talking to the man over the **phone**.
여자는 말하고 있다 그 남자에게 전화로

3 When is your **birthday**? It's March fifth.
언제 ~이니? 너의 생일 3월 5일이다

4 The dog is **quickly** wagging its tail from side to side.
개는 빠르게 흔들고 있다 꼬리 좌우로

5 There is so much **useful** information in this book.
~가 있다 너무 많은 유용한 정보 이 책에는

6 Dad is washing the **dishes** in the kitchen.
아빠 설거지를 하고 있다 부엌에서

7 I was so cold that I drank **hot** water.
나 ~었다 너무 추워서 나 마셨다 뜨거운 물

8 **Many** people attended the meeting.
많은 사람들 참석했다 모임

9 **All** people are afraid of failure.
모든 사람들 ~를 두려워하다 실패

10 That movie is not **interesting** at all.
그 영화 흥미롭지 않다 전혀

97일차 영어읽기

읽기 연습후 확인하기

의미 공부후 확인하기

1 She drank **tea** instead of coffee.

쉬 주랭크 티- 인스테드 오브 커피.

2 He put **marks** on the ground with sticks.

히 풋 마r크쓰 온 더 그롸운드 윗 스틱쓰.

3 The **mail carrier** is delivering the letters.

더 메일 캐뤼어r 이즈 딜리버링 더 레러r즈.

4 She covered the **floor** with marble tiles.

쉬 커버r드 더 플로어r 윗 마r블 타일즈.

5 The **baby** is looking at his mom smiling.

더 베이비 이즈 루킹 앳 히즈 맘 스마일링.

6 That **city** is full of people and cars.

댓 씨티 이즈 풀 오브 피플 앤 카r즈.

7 She takes a nap in the **afternoon**.

쉬 테잌쓰 어 냎 인 더 애프터r눈.

8 Grab the **branch** so that you don't slip.

그랩 더 브랜취 쏘 댓 유 도운 슬맆.

9 He poured flour into the second **bowl**.

히 포어r드 플라워r 인투 더 세컨 보울.

10 The boy is catching a **dragonfly** with a net.

더 보이 이즈 캣칭 어 주래근플라이 윗 떠 넷.

97일차 영어의미

mp3듣기

1 She drank **tea** instead of coffee.

그녀 마셨다 차 커피 대신에

2 He put **marks** on the ground with sticks.

그 표시를 했다 땅 위에 막대기로

3 The **mail carrier** is delivering the letters.

우편 배달부 배달하고 있다 편지들

4 She covered the **floor** with marble tiles.

그녀 깔았다 바닥 대리석 타일로

5 The **baby** is looking at his mom smiling.

아기 ~를 쳐다보고 있다 그의 엄마 웃고 있는

6 That **city** is full of people and cars.

그 도시 ~로 가득 차다 사람과 차들

7 She takes a nap in the **afternoon**.

그녀 낮잠을 자다 오후에

8 Grab the **branch** so that you don't slip.

나뭇가지를 잡아라 ~하도록 너가 미끄러지지 않다

9 He poured flour into the second **bowl**.

그 부었다 밀가루 두 번째 그릇에

10 The boy is catching a **dragonfly** with a net.

소년 잡고 있다 잠자리 그물로

영어읽기

98일차 영어읽기

읽기 연습후 확인하기 →
← 의미 공부후 확인하기

1 **Perhaps** they are husband and wife.
퍼r햅쓰 데이 아r 허즈밴드 앤 와이프.

2 I cut the thick paper with **scissors**.
아이 컷 더 띸 페이퍼r 위드 시저r쓰.

3 She **filled** up the piggy bank with coins.
쉬 필덥 더 피기 뱅크 위드 코인즈.

4 Both his **body** and mind are tired.
보우쓰 히즈 바디 앤 마인드 아r 타이어r드.

5 She bought a teddy bear at the gift **shop**.
쉬 밧- 어 테디 베어r 앳 더 기프트 샵.

6 The **speaker** made the audience laugh several times.
더 스피커r 메잇 더 오디언쓰 라-프 쎄브뤌 타임즈.

7 He touched his **chin** thinking deeply.
히 터취드 히즈 췬 띵킹 디플리.

8 The **price** of the wedding dress is too expensive.
더 프롸이쓰 오브 더 웨딩 쥬뤠쓰 이즈 투 익스펜씨브.

9 The school staircase is **high** and narrow.
더 스쿨 스테어r케이쓰 이즈 하이 앤 내로우.

10 My grandmother turns **eighty** this year.
마이 그뤤마더r 턴쓰 에이리 디쓰 이어r.

98일차 영어의미

mp3듣기

1 **Perhaps** they are husband and wife.
아마도 그들 ~이다 남편과 아내

2 I cut the thick paper with **scissors**.
나 잘랐다 두꺼운 종이 가위로

3 She **filled** up the piggy bank with coins.
그녀 채웠다 돼지저금통 동전으로

4 Both his **body** and mind are tired.
그의 몸과 정신 둘 다 ~이다 피곤한

5 She bought a teddy bear at the gift **shop**.
그녀 샀다 곰 인형 선물 가게에서

6 The **speaker** made the audience laugh several times.
연설자 만들었다 청중 웃다 여러 번

7 He touched his **chin** thinking deeply.
그 만졌다 그의 턱 깊이 생각하면서

8 The **price** of the wedding dress is too expensive.
가격 웨딩드레스의 ~이다 너무 비싼

9 The school staircase is **high** and narrow.
학교 계단 ~이다 높고 좁은

10 My grandmother turns **eighty** this year.
나의 할머니 ~가 되다 80 올해

99일차 영어읽기

읽기 연습후 확인하기

의미 공부후 확인하기

1 He is a smart **and** friendly gentleman.

히 이즈 어 스마r트 앤 프뤤들리 줸틀맨.

2 I hung a picture of my family on the **wall**.

아이 헝 어 픽쳐r 오브 마이 페믈리 온 더 월.

3 The brave prince defeated the **monster**.

더 브뤠이브 프륀쓰 디피이릿 더 만-스터r.

4 You can see many animals at the **zoo**.

유 캔 씨 메니 애니멀쓰 앳 더 주-.

5 She is waiting for the bus at the **bus stop**.

쉬 이즈 웨이링 포r 더 버쓰 앳 더 버-쓰땁.

6 A **toad** looks like an ugly frog.

어 토우드 룩쓰 라잌 언 어글리 프로그.

7 While I am abroad, I'll have a job experience.

와일 아이 앰 어브로드, 아일 해브 어 좝 익쓰삐어뤼언쓰.

8 There is a round table in the **center** of the room.

데어r 이즈 어 롸운 테이블 인 더 센터r 오브 더 룸.

9 He **wears** thick clothes in winter.

히 웨얼쓰 띡 클로우즈 인 윈터r.

10 It **suddenly** started to rain outside.

잇 써든리 스타r팃 투 뤠인 아웃싸이드.

99일차 영어의미

1 He is a smart **and** friendly gentleman.
그 ~이다 똑똑하고 친절한 신사

2 I hung a picture of my family on the **wall**.
나 걸었다 가족의 사진을 벽에

3 The brave prince defeated the **monster**.
용감한 왕자 물리쳤다 괴물

4 You can see many animals at the **zoo**.
너 볼 수 있다 많은 동물들 동물원에서

5 She is waiting for the bus at the **bus stop**.
그녀 ~를 기다리고 있다 버스 버스 정류장에서

6 A **toad** looks like an ugly frog.
두꺼비 ~처럼 보이다 못생긴 개구리

7 While I am abroad, I'll have a job experience.
~동안에 나 있다 해외에 나는 직업 체험을 할 것이다

8 There is a round table in the **center** of the room.
~이 있다 둥근 탁자 방의 중앙에

9 He **wears** thick clothes in winter.
그 입다 두꺼운 옷 겨울에

10 It **suddenly** started to rain outside.
갑자기 비가 내리기 시작했다 바깥에

100일차 영어읽기

읽기 연습후 확인하기 →
← 의미 공부후 확인하기

1 She keeps a small snake as a **pet**.
쉬 킵스 어 스멀 스네이크 애즈 어 펫.

2 Many **foreign** people visit Korea.
메니 포륀 피플 비짓 코뤼아.

3 She **found** a colorful mushroom in the woods.
쉬 파운드 어 컬러풀 머쉬룸 인 더 우즈.

4 This is a perfect **place** for elderly people to rest.
디스 이즈 어 퍼r펙트 플레이스 포r 엘더r리 피플 투 뤠스트.

5 The garden is full of **beautiful** flowers.
더 가r든 이즈 풀 오브 뷰리풀 플라워r즈.

6 The short summer vacation will end in one **week**.
더 쇼r트 써머r 베이케이션 윌 엔드 인 원 위크.

7 I glued the **stamp** onto the envelope.
아이 글루 더 스탬프 온투 더 엔블로웁.

8 Is today **Monday** or Tuesday?
이즈 투데이 먼데이 오r 튜즈데이?

9 He **spends** money on collecting stamps.
히 스펜즈 머니 온 컬렉팅 스탬쓰.

10 This pharmacy only opens on **weekdays**.
디스 퍼r머씨 온리 오우쁜 온 윅데이스.

100일차 영어의미

mp3듣기

1 She keeps a small snake as a **pet**.

그녀 기르다 작은 뱀 애완동물로

2 Many **foreign** people visit Korea.

많은 외국 사람들 방문하다 한국

3 She **found** a colorful mushroom in the woods.

그녀 찾았다 화려한 버섯 숲에서

4 This is a perfect **place** for elderly people to rest.

이곳 ~이다 완벽한 장소 연세드신 분들이 휴식하기에

5 The garden is full of **beautiful** flowers.

정원 ~로 가득 차다 아름다운 꽃들

6 The short summer vacation will end in one **week**.

짧은 여름방학 ~끝날 것이다 일주일이면

7 I glued the **stamp** onto the envelope.

나 풀로 붙였다 우표 편지봉투 위에

8 Is today **Monday** or Tuesday?

오늘은 ~인가요? 월요일 또는 화요일

9 He **spends** money on collecting stamps.

그 소비하다 돈 우표를 수집하는데

10 This pharmacy only opens on **weekdays**.

이 약국 오로지 열다 평일에

참 잘했습니다

본 영어학습에 대해서 궁금한 점이 있다면
네이버 카페 한글영어 공식카페로
질문해주시면 성심껏
답변을 드리도록 하겠습니다.

http://cafe.naver.com/korchinese/17544

원어민 음성 mp3도 다운 가능합니다

초등영어공부혼자하기
한글해석

한글해석 01

	한글해석		한글해석
51-1	나는 축구공을 골대로 세게 **kick**했어.	53-6	**clown**이 말 위에서 풍선을 불고 있어.
51-2	물이 **waterfall**에서 떨어지고 있어.	53-7	경찰이 도둑의 손과 **foot**을 묶었어.
51-3	나는 힘든 일 때문에 매우 **tired**해.	53-8	왕과 왕비가 **kingdom**에서 살아.
51-4	그녀는 3 **grade**부터 영어를 배웠어.	53-9	**lava**는 나중에 나비로 변해.
51-5	그는 **noise** 때문에 잠을 잘 수가 없어.	53-10	그는 막대기에 **wire**을 감았어.
51-6	왕자는 공주를 **save**하려고 잠수했어.	54-1	그녀는 시장에서 닭과 **goose**를 샀어.
51-7	나는 봉투에 **glue**를 발랐어.	54-2	나는 그의 연설이 너무 **bored**했어.
51-8	고양이가 **mouse**를 조심해서 쫓고 있어.	54-3	**bee**들이 꽃에서 꿀을 모으고 있어.
51-9	어제 파티는 **fun**으로 가득했어.	54-4	**prince**는 신발의 주인을 찾고 있어.
51-10	**watermelon**은 내가 좋아하는 과일이야.	54-5	그는 **gym**에서 농구를 하고 있어.
52-1	그녀의 **husband**는 아이들을 사랑해.	54-6	**bathroom**에 가서 더러운 발을 씻어라.
52-2	우리 집 냉장고는 과일들로 **full**해.	54-7	그녀는 **headache**때문애 약을 먹었어.
52-3	난 그녀의 이상한 질문에 **surprised**했어.	54-8	우리는 **weak**한 사람들을 도와야 해.
52-4	**fast**한 토끼가 느린 거북이에게 졌어.	54-9	나는 아들에게 **toy**를 생일선물로 주었어.
52-5	그는 파티에 많은 **guest**를 초대했어.	54-10	아빠가 **kitchen**에서 국을 끓이고 있어.
52-6	올해 나는 **excellent**한 선생님을 만났어.	55-1	민수는 훌륭한 축구 **player**야.
52-7	그는 어릿광대의 행동을 **copy**했어.	55-2	그녀는 **desk**위에 공책과 책을 놓았어.
52-8	나는 망원경을 **through**해서 산을 봤어.	55-3	**turtle**이 나오는 재밌는 영화가 있어.
52-9	이번이 한국에는 **first** 방문인가요?	55-4	**there**에 있는 소금을 나에게 줄래?
52-10	그는 **towel**로 젖은 손을 닦았어.	55-5	용감한 사람은 괴물을 **afraid**하지 않아.
53-1	어린 **girl**이 무대에서 발표하고 있어.	55-6	그는 어제 강을 따라서 **bike**를 탔어.
53-2	나는 영화가 지루해서 **asleep**했어.	55-7	그녀는 **market**에서 고기와 야채를 샀어.
53-3	이 **restaurant**는 생선 요리로 유명해.	55-8	그는 파티에 **wife**와 아이들을 데려왔어.
53-4	그는 이제 수학 **test**에 준비가 되었어.	55-9	나는 도시에서 **town**으로 이사했어.
53-5	그녀는 **world**의 평화를 위해 기도해.	55-10	**ostrich**는 세상에서 가장 큰 새야.

한글해석 02

한글해석을 보고 생각나는 영어단어나 문장을 말해보세요.
예 2-8 수박은 내가 favorite하는 과일이야.
수박 : watermelon, 과일 : fruit, favorite : 제일 좋아하는

	한글해석		한글해석
56-1	민수가 벽 **on**에 걸린 그림을 그렸어.	58-6	비 온 뒤 **sky**에 무지개가 떴어.
56-2	그 회사는 **old**한 사람에게도 기회를 줘.	58-7	그는 자주 왼쪽과 **right**를 혼동해.
56-3	그들은 연주회 동안 **silent**하고 있었어.	58-8	소방관들이 **fire**를 끄기 위해 노력했어.
56-4	목수가 **tool**로 지붕을 고치고 있어.	58-9	파란 하늘에 하얀 **cloud**가 있어.
56-5	약국 맞은편에 **grocery store**가 있어.	58-10	나는 **basket**에 감자와 양파를 넣었어.
56-6	그녀는 달리다가 **shoe**를 잃어버렸어.	59-1	그녀는 **dessert**로 애플파이를 먹었어.
56-7	그는 **farm**에서 소와 돼지를 길러.	59-2	나에게 역사는 **difficult**한 과목이야.
56-8	그녀는 시골에 사는 나의 **cousin**이야.	59-3	마술사가 아이들에게 **magic**을 보여줘.
56-9	우리는 집으로 가는 **last** 버스를 탔어.	59-4	**Korea**를 방문하는 외국인 숫자가 증가해.
56-10	그 당시에 나는 고등학교 **student**이었어.	59-5	몇몇 동물은 몸의 **color**를 바꿀 수 있어.
57-1	나는 친구에게 사과의 **letter**를 보냈어.	59-6	민수는 **kind**하고 온화한 사람이야.
57-2	그녀는 내년에 미국으로 **return**할 거야.	59-7	**doctor**가 아픈 사람을 치료하고 있어.
57-3	**bicycle**은 두 개의 바퀴를 가지고 있어.	59-8	**nature**는 모두에게 보물과 같아.
57-4	**table tennis**의 공은 작고 가벼워.	59-9	내 바지는 햇빛으로 **dry**하게 되었어.
57-5	이 그림에 대한 **general** 의견은 좋아.	59-10	**salt**와 설탕은 물속에서 잘 녹아.
57-6	그녀는 **fail**하는 걸 두려워하지 않아.	60-1	우리는 왕비가 사는 **palace**에 도착했어.
57-7	엄마가 아이를 위해 **some** 캔디를 샀어.	60-2	그는 형한테 수학을 **learn**하고 있어.
57-8	그녀는 시장에서 감자를 **pick**하고 있어.	60-3	**science**는 내가 좋아하는 과목이야.
57-9	너는 양초를 사용할 때 **careful**해야 해.	60-4	그녀는 세 **children**의 어머니이야.
57-10	그는 때때로 기차나 지하철을 **ride**해.	60-5	**police car**가 강도를 바짝 따라갔어.
58-1	당신의 이름과 **address**가 무엇인가요?	60-6	그는 어항에 다양한 **fish**를 가지고 있어.
58-2	**onion**은 강한 맛과 냄새를 가지고 있어.	60-7	그녀는 사람들에게 **point**를 설명했어.
58-3	태양이 맑은 하늘에서 **shine**하고 있어.	60-8	그는 농장에서 **corn**과 감자를 길러.
58-4	그는 **cash**로 음식값을 지급했어.	60-9	나는 담장의 **side**를 하얗게 칠했어.
58-5	그녀는 배를 타고 **river**를 건넜어.	60-10	그녀는 금 **ring**을 손가락에 꼈어.

한글해석 03

	한글해석		한글해석
61-1	1년의 절반은 **six** 개월이야.	63-6	그는 **soap**로 얼굴을 깨끗이 씻었어.
61-2	나는 새 구두를 **brush**로 닦았어.	63-7	너는 a **or** b 중에 하나를 선택 가능해.
61-3	그는 **picnic**을 위해 음식을 준비했어.	63-8	그녀는 사다리를 천천히 **climb**했어.
61-4	문을 열기 전에 먼저 **knock**해라.	63-9	나는 **magnet**로 메모를 냉장고에 붙였어.
61-5	나는 동전으로 **circle**을 그렸어.	63-10	지난 **night** 아파트에 화재가 발생했어.
61-6	정오는 **twelve** 시를 의미해.	64-1	나는 네가 **say**한 것에 동의해.
61-7	1시간의 4분의 1은 **fifteen** 분이야.	64-2	**holiday**에는 무엇을 할 계획이세요?
61-8	그는 아이들에게 공룡 인형을 **show**했어.	64-3	부유한 여자는 비싼 **necklace**를 샀어.
61-9	집 **inside**에 들어가서 잠시 기다려라.	64-4	그는 파티에서 입을 **clothes**를 주문했어.
61-10	**spring**은 내가 가장 좋아하는 계절이야.	64-5	나는 사촌과 **park**에서 자전거를 탔어.
62-1	길을 **across**해서 빵집이 있어.	64-6	해는 동쪽에서 떠서 **West**로 져.
62-2	**engineer**가 망가진 기계를 고치고 있어.	64-7	그녀는 5 **million** 원의 월급을 받아.
62-3	나는 약속에 늦어서 매우 **sorry**했어.	64-8	나는 **myself**에게 공부하기로 약속했어.
62-4	그는 **gate**를 잠그는 것을 잊어버렸어.	64-9	그녀는 날카로운 칼에 **finger**를 베였어.
62-5	그는 그녀에게 청혼하기로 **decide**했어.	64-10	공주와 **seven** 난쟁이의 이야기는 재밌어.
62-6	아픈 사람은 **fruit**을 많이 먹어야 해.	65-1	나는 책을 읽으려고 **library**에 가
62-7	그녀는 슬픈 노래를 잘 **sing**해.	65-2	**Thursday** 오후 4시에 만나는 건 어때?
62-8	나는 실수로 **wrong**한 번호를 눌렀어.	65-3	그녀는 꽃과 액자로 **room**을 장식했어.
62-9	그녀가 공주라는 것이 **true**입니까?	65-4	나는 실수로 넘어져서 **knee**를 다쳤어.
62-10	네가 카트를 밀면 내가 **pull**할게.	65-5	공장 **worker**가 TV를 만들고 있어.
63-1	그녀는 오이를 8조각으로 **cut**했어.	65-6	고래는 깊은 물 속으로 **dive** 했어
63-2	그의 **bedroom**에는 전등과 탁자가 있어.	65-7	주부들이 빨간 고무 **glove**를 끼고 있어.
63-3	저 **factory**는 버스와 차를 생산해.	65-8	나는 너무 목말라서 **water**를 마시고 싶어
63-4	마당에서 **chicken**과 고양이가 싸워.	65-9	**monkey**도 나무에서 떨어질 수 있어.
63-5	그는 **funny**한 이야기를 많이 알아.	65-10	나는 휴일 **during** 소설책을 읽을 거야.

한글해석 04

한글해석을 보고 생각나는 영어단어나 문장을 말해보세요.
예) 2-8 수박은 내가 favorite하는 과일이야.
수박 : watermelon, 과일 : fruit, favorite : 제일 좋아하는

	한글해석		한글해석
66-1	나는 놀이공원에서 **classmate**를 만났어.	68-6	경찰관이 도둑의 손과 발을 **bind**했어.
66-2	그녀는 그 달의 **end**에 집세를 지불해.	68-7	난 한 손으로 가방을 **hold**하고 있었어.
66-3	우리는 해변에서 **shell**을 모았어.	68-8	우리는 초를 들고 동굴 **into**로 들어갔어.
66-4	그는 선생님에게 문제의 답을 **ask**했어.	68-9	천장으로부터 **spider**가 매달려 있어.
66-5	나는 내일 중국으로 **leave**할 거야.	68-10	이 **hen**은 매일 황금알을 낳아.
66-6	옛날부터 **rice**는 한국의 주식이야.	69-1	**dentist**가 썩은 치아를 뽑았어.
66-7	자매는 **forest**에서 길을 잃어버렸어.	69-2	그녀는 바이올린을 **well** 연주해.
66-8	어린이는 태양을 **red**로 칠했어.	69-3	그는 두뇌를 **use**해서 문제를 풀었어.
66-9	그녀는 짐을 **carry**할 남자가 필요했어.	69-4	그녀는 토끼의 긴 **ear**를 잡았어.
66-10	그의 **socks**에는 큰 구멍이 있었어.	69-5	꽃병을 **care**해서 잡고 있어라.
67-1	어두운 **cave**안에 박쥐들이 살고 있어.	69-6	**small**한 배가 큰 성에 도착했어.
67-2	그는 무거운 짐을 나르기 **start**했어.	69-7	그는 **noon**까지 일을 끝내야만 해.
67-3	이 포도주 병을 **open**해 주실래요.	69-8	그녀는 멋진 **earing**을 끼고 있어.
67-4	나의 아버지는 철강회사에서 **work**해.	69-9	나는 나무와 새와 집을 **draw**했어.
67-5	나는 발표 **before**에 가까스로 도착했어.	69-10	그녀는 나의 **present**를 기쁘게 받았어.
67-6	**deaf**한 사람들은 소리를 잘 듣지 못해.	70-1	우리는 신나는 음악에 맞춰 **dance**했어.
67-7	올해 **oil**의 가격이 계속 상승하고 있어.	70-2	그녀는 **breakfast**로 빵과 우유를 먹었어.
67-8	사냥꾼이 숲에서 사슴을 **hunt**했어.	70-3	나는 틀린 글자를 **eraser**로 지웠어.
67-9	너의 생일은 **when**이니?	70-4	그녀는 가진 돈이 **much**하지 않아.
67-10	**nice**한 사람들은 훌륭한 일을 해.	70-5	그는 여덟 아이들의 **father**이야.
68-1	소녀가 공원에서 **picture**를 그리고 있어.	70-6	**hurry**해라 그렇지 않으면 기차를 놓쳐.
68-2	**lighthouse**는 배들을 항구로 안내해.	70-7	나는 **garden**에 꽃과 나무를 심었어.
68-3	그는 낚시배를 타고 섬에 **reach**했어.	70-8	내가 잃어버린 지갑을 찾은 건 **lucky**했어.
68-4	나는 내일 아침 일찍 일어나야 **must**해.	70-9	잠과 음식은 **health**를 위해 중요해.
68-5	사슴이 큰 나무 뒤로 **hide**했어.	70-10	나의 개가 **tail**을 좌우로 흔들었어.

한글해석 05

	한글해석		한글해석
71-1	그는 학교에서 역사를 **teach**해.	73-6	당나귀는 빨간 **carrot**을 좋아해.
71-2	그녀는 노란 손수건을 **choose**했어.	73-7	기차는 **soon** 목적지에 도착할 거야.
71-3	나는 중국어 공부에 **interested**해.	73-8	그녀는 **bag**에 옷과 신발을 넣었어.
71-4	**Autumn**에는 나뭇잎이 나무에서 떨어져.	73-9	무서운 **wolf**가 사슴을 쳐다보고 있어.
71-5	대개 우리는 **Sunday**에 교회에 가.	73-10	나무의 **root**가 땅속으로 퍼졌어.
71-6	강물이 **bridge**밑으로 흐르고 있어.	74-1	나는 매일 아침 7 **o'clock**에 일어나.
71-7	**strange**한 사람이 우리를 따라 오고 있어.	74-2	그의 의견은 나의 것과 **different**해.
71-8	이것은 너와 나만의 **secret**이야.	74-3	그녀는 **snow**로 눈사람을 만들었어.
71-9	**queen**은 목걸이와 귀걸이를 하고 있어.	74-4	그는 **swim**해서 한강을 건넜어.
71-10	나는 **weekend**에 놀이공원에 갈 거야.	74-5	그녀는 화가가 아니라 **writer**야.
72-1	어머니는 아이의 **arm**을 잡았어.	74-6	그는 회사에서 **important**한 사람이야.
72-2	왕은 금으로 된 **crown**을 쓰고 있어.	74-7	어머니는 부엌에서 **cook**하고 있어.
72-3	나는 후식으로 **grape** 두 송이를 먹었어.	74-8	기린은 매우 **tall**한 동물이야.
72-4	**tiger**와 사자는 둘 다 위험한 동물이야.	74-9	그녀는 여우만큼 **clever** 해.
72-5	**crazy**한 사람이 계속 말을 하고 있어.	74-10	여러분 교과서 19 **page**를 펴세요.
72-6	**crowd**는 그의 이름을 소리치고 있었어.	75-1	양치기는 늑대로부터 **sheep**을 지켜.
72-7	**pilot**은 비행기를 조종하는 사람이야.	75-2	그의 집은 지하철 **station**과 가까워.
72-8	사자가 초원에서 **zebra**를 사냥 중이야.	75-3	**whole** 가족이 주말에 사우나에 갔어.
72-9	나는 **new**한 연필과 지우개를 샀어.	75-4	이 바지는 내가 입기에 너무 **short**해.
72-10	중국 사람들은 **Chinese**를 잘 말해.	75-5	나는 파티에서 떡과 음료수를 **eat**했어.
73-1	**museum**은 오래된 물건들을 전시했어.	75-6	금요일에 은행은 몇 시에 **close**하니?
73-2	그는 **bank**로부터 돈을 빌렸어.	75-7	그는 부산으로 가는 왕복 **ticket**을 샀어.
73-3	우리 **village** 가운데에 큰 우물이 있어.	75-8	친구들에게 **goodbye**라고 말할 시간이야.
73-4	그녀는 보석 **case**를 서랍에 넣었어.	75-9	저 멀리서 희미한 **light**가 깜박거려.
73-5	너는 **Japan**의 수도가 어딘지 아니?	75-10	나는 차를 소화전 **beside**에 주차했어.

한글해석 06

한글해석을 보고 생각나는 영어단어나 문장을 말해보세요.
예 2-8 수박은 내가 favorite하는 과일이야.
수박 : watermelon, 과일 : fruit, favorite : 제일 좋아하는

	한글해석		한글해석
76-1	군인들은 적군을 대포로 **kill**했어.	78-6	영국에서는 **soccer**가 인기 있는 운동이야.
76-2	오늘은 소풍을 가기에 **fine**한 날이야.	78-7	그는 **newspaper**에 있는 만화를 읽어.
76-3	2년 전 그녀는 자동차 **accident**를 당했어.	78-8	올해 **summer** 방학은 특별히 짧아.
76-4	그는 친절하고 현명한 **person**이야.	78-9	수학은 나에게 **most** 흥미로운 과목이야.
76-5	주부는 불꽃 위에 **kettle**을 올려놓았어.	78-10	지금부터 각자 자신의 방으로 **enter**해라.
76-6	그는 돌로 창문을 **break**했어.	79-1	나는 그를 양배추란 **nickname**으로 불러.
76-7	탁자 위에 있는 **that**은 뭐니?	79-2	오늘 밤 너는 내 **favor**를 들어주겠니?
76-8	그녀는 그의 어깨에 **hand**를 놓았어.	79-3	**dolphin**은 매우 똑똑한 동물이야.
76-9	나의 **pocket**에는 돈이 거의 없어.	79-4	**snake**의 혀가 빠르게 움직였어.
76-10	그들은 자유를 위해 **fight**하고 있어.	79-5	거대한 **wave**가 배를 해안가로 밀었어.
77-1	모든 **plant**는 빛과 물이 필요해.	79-6	그녀는 **money**를 은행에 저축했어.
77-2	나를 **child**처럼 취급하지 마세요.	79-7	**jungle**에는 많은 동물과 식물이 있어.
77-3	마침내 두 나라 간에 **war**가 발생했어.	79-8	가을이 되면 잠자리가 하늘에서 **fly**해.
77-4	**trash can**이 쓰레기로 꽉 찼어.	79-9	그는 **smart**해서 어려운 시험도 풀어.
77-5	그녀는 그가 좋은 남편이라고 **think**해.	79-10	오늘은 **foggy**하니 조심해서 운전해라.
77-6	**cat**이 쥐를 열심히 쫓고 있어.	80-1	**we**는 예전에 같은 유치원을 다녔어.
77-7	그는 가게에서 **jewel**을 훔치려고 했어.	80-2	그 택시 **driver**는 교통신호등을 잘 지켰어.
77-8	**June**이면 벌써 더워지기 시작해.	80-3	베개가 잠자기에 너무 **hard**해.
77-9	부인과 아이들을 **bring**해도 좋아요.	80-4	나는 그 영화제목을 **remember**해.
77-10	그는 **potato**와 고구마 둘 다 좋아해.	80-5	그녀는 **post office**에서 편지를 부쳤어.
78-1	작년에 영국에 간 **trip**은 어땠니?	80-6	그는 그의 아내를 영원히 **love**해.
78-2	나는 배의 돛에 한국 **flag**를 달았어.	80-7	곧 **train**이 역으로 들어올 거야.
78-3	그는 차를 **garage**안에 주차를 시켰어.	80-8	비행기가 공항에 무사히 **arrive**했어.
78-4	전쟁은 세계의 **peace**를 파괴해.	80-9	**bright**한 태양 때문에 잠시 눈이 멀었어.
78-5	**country**는 국민과 땅으로 구성돼.	80-10	**hello**, 요즈음 너는 어떻게 지내니?

한글해석 07

	한글해석		한글해석
81-1	그는 나무와 도구로 탁자를 **make**했어.	83-6	인간은 물속에서 많은 **pressure**를 느껴.
81-2	그녀는 관광객을 궁전으로 **guide**했어.	83-7	그녀는 애완동물로 **dog**와 뱀을 길러.
81-3	선생님이 학생들의 이름을 **know**해.	83-8	나는 이제 **almost** 과학숙제를 끝냈어.
81-4	태양과 **moon**이 한 줄로 서 있어.	83-9	심한 **rain** 때문에 비행기가 취소되었어.
81-5	**rich**한 여자가 가난한 남자를 사랑했어.	83-10	지금 바깥 **weather**는 어떠니?
81-6	왕자와 공주는 궁전에서 **live**했어.	84-1	그 과학자는 좋은 **idea**를 가지고 있어.
81-7	너는 **tomorrow** 몇 시에 떠날 거니?	84-2	그는 가방을 **shoulder**에 멨어.
81-8	나는 로봇 박물관에 **go**하길 원해.	84-3	목동은 잃어버린 **lamb**을 찾았어.
81-9	그는 나무들 **among**에서 버섯을 찾았어.	84-4	군인은 상사의 **order**를 따라야 해.
81-10	짙은 **fog** 때문에 나는 앞을 볼 수 없어.	84-5	그 **bakery**에서 맛있는 빵을 팔아.
82-1	**maybe** 우리 팀은 내년에 이길 거야.	84-6	그녀는 그의 생각을 **like**하지 않아.
82-2	봄에는 **warm**한 바람이 불기 시작해.	84-7	관광객들이 서울의 **map**을 보고 있어.
82-3	**twin**은 매우 비슷한 얼굴을 가졌어.	84-8	나는 눈이 멈추기를 **wait**하는 중이야.
82-4	나는 딸기보다 **peach**가 더 좋아.	84-9	그녀는 종이로 **stove**에 불을 붙였어.
82-5	그는 너무 **fat**해서 운동을 해야만 해.	84-10	삼촌은 소와 닭과 **pig**를 가졌어.
82-6	너무 많은 **sugar**와 소금은 건강에 나빠.	85-1	나는 내년 **calendar**를 벽에 걸었어.
82-7	그녀는 **door**에 새끼손가락이 끼였어.	85-2	그 **day**는 그 해 가장 더웠어.
82-8	저 금시계는 아버지가 주신 **gift**야.	85-3	지구는 **flat**하지 않고 둥글어.
82-9	그는 고등학교 체육 **teacher**야.	85-4	그는 **time**이 돈이라고 생각해.
82-10	나는 이번 학기에 화학 **course**를 들었어.	85-5	지난밤 흰 눈이 전체 땅을 **cover**했어.
83-1	우리 **between**에 비밀은 없기로 하자.	85-6	아이가 마침내 말을 하기 **begin**했어.
83-2	그 농부는 **field**에서 옥수수를 재배해.	85-7	자연에서는 물의 **cycle**이 발생해.
83-3	그녀는 **knife**로 엄지손가락을 베였어.	85-8	**this**는 무엇이니? - 그것은 연필이야.
83-4	나는 노래하는 **musician**이 되고 싶어.	85-9	그는 **jean**과 운동화를 신고 있어.
83-5	나의 엄마는 6시에 나를 **wake**해.	85-10	너는 바깥의 이상한 소리를 **hear**했니?

한글해석 08

한글해석을 보고 생각나는 영어단어나 문장을 말해보세요.
예 2-8 수박은 내가 favorite하는 과일이야.
수박 : watermelon, 과일 : fruit, favorite : 제일 좋아하는

	한글해석		한글해석
86-1	나는 **kindergarten**에서 아들을 데려왔어.	88-6	마녀가 벽에 있는 **mirror**에게 물었어.
86-2	그녀는 **pencil**로 놀라운 그림을 그렸어.	88-7	그녀는 그의 웃긴 이야기에 **smile**했어.
86-3	우리는 해변에서 **sand**로 성을 지었어.	88-8	**few**의 사람들이 비밀의 방을 알고 있어.
86-4	벽에 걸린 **clock**은 5분이 늦어.	88-9	개미는 빠르고 달팽이는 **slow**해.
86-5	세 번째 돼지는 **brick**으로 집을 지었어.	88-10	나는 벌써 그 소설을 **twice** 읽었어.
86-6	그는 **frank**한 나의 의견을 듣기 원했어.	89-1	**pillow**가 너무 딱딱해서 머리가 아파.
86-7	다른 차들이 **road**를 달리고 있어.	89-2	그는 수학 문제를 **solve**하려고 노력 중이야.
86-8	그녀는 난로로 방을 따뜻하게 **keep**했어.	89-3	그녀는 1 **year**에 두 번 미국을 방문해.
86-9	나는 어제 회사까지 **walk**해서 갔어.	89-4	자동차의 바퀴가 빠르게 **turn**하고 있어.
86-10	그는 자동판매기에 **coin**을 집어넣었어.	89-5	공해는 모든 생물에게 **problem**이야.
87-1	한국에는 뚜렷한 4 **season**이 있어.	89-6	우리는 바다에서 해파리를 **catch**했어.
87-2	나는 매주 **Saturday**에 승마를 배워.	89-7	그들은 계곡에서 **gold**와 은을 파냈어.
87-3	그녀는 **stick**으로 땅에 원을 그렸어.	89-8	그는 너무 **sleepy**해서 일찍 자러 갔어.
87-4	나는 **clean**한 손수건으로 땀을 닦았어.	89-9	축구경기의 마지막 **score**는 5:10 이었어.
87-5	그는 미친 사람처럼 자동차를 **drive**했어.	89-10	그녀는 돌도 먹을 정도로 **hungry**해.
87-6	그 음악가는 **stage**에 조용히 섰어.	90-1	아침 일찍 일어나는 것은 좋은 **habit**이야.
87-7	그녀는 **toilet**을 깨끗하게 유지해.	90-2	나는 **math**보다 과학을 더 좋아해.
87-8	**flower**사이로 벌들이 날아다녀.	90-3	반에서 너의 **number**는 어떻게 되니?
87-9	**deer**는 사자의 좋은 표적이 돼.	90-4	그는 형의 **advice**를 잘 이해했어.
87-10	조종사가 **airplane**을 안전하게 조종했어.	90-5	나는 그녀가 **alive**인지 죽었는지 몰라.
88-1	나는 친구에게 감사의 편지를 **write**했어.	90-6	모든 **parents**는 아이들을 사랑해.
88-2	공주는 20년 동안 **tower**에 갇혀 있었어.	90-7	우리는 집을 노랗게 **paint**할 계획이야.
88-3	**brave**한 왕자가 그 공주를 구했어.	90-8	그는 어려 **but** 그는 강해.
88-4	그는 고무줄을 **back**으로 잡아당겼어.	90-9	너는 겨울방학 동안 **where**에 갈 거니?
88-5	그녀는 파티에 와준 것에 **thank**했어.	90-10	몇 년 후 거지는 대통령이 **become**했어.

한글해석 09

	한글해석		한글해석
91-1	**ice**와 눈과 물은 결국 같은 거야.	93-6	사슴은 **neck**이 길어서 슬픈 동물이야.
91-2	지난 **battle**에서 많은 군인이 죽었어.	93-7	이 문제를 모른다니 너는 **foolish**해.
91-3	나는 지금 **just** 피곤할 뿐이야.	93-8	**future**에는 우리가 달로 여행할 수 있어.
91-4	도시의 공원에는 **pigeon**이 모여 있어.	93-9	그는 연단에서 연설할 **ready**가 되었어.
91-5	그는 거실을 **dining room**으로 사용해.	93-10	그는 말이 달리는 **painting**을 좋아해.
91-6	그들은 집의 색깔을 **change**하길 원해.	94-1	그들은 선수들의 입장을 **welcome**했어.
91-7	토끼는 양파, **cabbage**, 당근을 좋아해.	94-2	그 사람의 행동은 **mind**를 따라가.
91-8	모든 생물은 **death**로부터 도망갈 수 없어.	94-3	아버지와 **mother**는 요즈음 잘 지내셔.
91-9	학교는 보통 몇 시 쯤에 **finish**하니?	94-4	그는 나뭇가지를 곰에게 **throw**했어.
91-10	나는 얼음 위에서 쉽게 **slide**할 수 있어.	94-5	그녀는 뜨거운 물에 초코 **powder**를 넣었어.
92-1	하늘은 구름 한 점 없이 **clear**해.	94-6	선생님은 **easy**한 수학 문제를 냈어.
92-2	그들은 **boat**를 타고 섬에 도착했어.	94-7	나는 그가 성공하기를 간절히 **wish**해.
92-3	그는 매일 아침 신문을 **read**해.	94-8	그녀는 **lake**옆에 나뭇집을 지었어.
92-4	그 소년은 걸을 때 팔을 **swing**해.	94-9	**police**는 국가와 국민을 위해서 일해.
92-5	그녀는 **beach**에서 해파리를 발견했어.	94-10	소녀는 **paper**로 학을 접고 있어.
92-6	**artist**가 화랑에서 그림을 전시하고 있어.	95-1	그는 하루에 세 번 **tooth**를 닦아.
92-7	그의 생일은 **April**에 있어.	95-2	**gentleman**이 숙녀에게 인사를 했어.
92-8	나의 **dear**한 아이들은 잘 자랐어.	95-3	**soldier**들이 전투에서 용감하게 싸웠어.
92-9	그는 서점에서 **book**을 사는 중이야.	95-4	사람들이 **street**에서 행진하고 있어.
92-10	한강의 **middle**에 섬이 있어.	95-5	우리는 산의 **top**까지 올라갔어.
93-1	**owl**은 대개 밤에 활동하는 새야.	95-6	그는 아이스크림과 쿠키를 **sell**해.
93-2	**Earth**가 사각형이라고 믿는 사람도 있어.	95-7	너는 **winter**엔 목도리와 장갑이 필요해.
93-3	그녀는 배구시합에 **join**하길 결심했어.	95-8	해외여행을 갈 때는 큰 여행가방을 **take**해라.
93-4	**nurse**가 치과의사 옆에서 돕고 있어.	95-9	오늘의 1교시는 미술 **lesson**이야.
93-5	나는 **box**안에 양말과 속옷을 넣었어.	95-10	어두운 하늘에서 **star**들이 밝게 빛나.

한글해석 10

한글해석을 보고 생각나는 영어단어나 문장을 말해보세요.
예 2-8 수박은 내가 favorite하는 과일이야.
수박 : watermelon, 과일 : fruit, favorite : 제일 좋아하는

	한글해석		한글해석
96-1	나는 **evening**에는 집에서 휴식할 거야.	98-6	그 **speaker**는 청중을 여러번 웃게 했어.
96-2	여자가 남자에게 **phone**으로 말하고 있어.	98-7	그는 깊이 생각을 하면서 **chin**을 만졌어.
96-3	너의 **birthday**는 언제니? 3월 5일이야.	98-8	웨딩드레스의 **price**가 너무 비싸.
96-4	개가 꼬리를 좌우로 **quickly** 흔들었어.	98-9	학교의 계단은 **high**하고 좁아.
96-5	이 책에는 **useful**한 정보가 많아.	98-10	우리 할머니는 올해 **eighty** 살이야.
96-6	아빠는 부엌에서 **dish**를 씻고 있어.	99-1	그는 똑똑하고 **and** 친절한 신사야.
96-7	나는 너무 추워서 **hot**한 물을 마셨어.	99-2	나는 **wall**에 가족사진을 걸었어.
96-8	**many**한 사람들이 모임에 참석했어.	99-3	용감한 왕자는 **monster**를 물리쳤어.
96-9	**all** 사람들은 실패를 두려워해.	99-4	너는 **zoo**에서 많은 동물을 볼 수 있어.
96-10	그 영화는 전혀 **interesting**하지 않아.	99-5	그녀는 **bus stop**에서 버스를 기다려.
97-1	그녀는 커피 대신에 **tea**를 마셨어.	99-6	**toad**는 못생긴 개구리처럼 보여.
97-2	그는 막대기로 땅에 **mark**를 했어.	99-7	해외에 있는 **while** 난 직업체험을 할 거야.
97-3	**mail carrier**가 편지를 배달하고 있어.	99-8	방의 **center**에는 둥근 탁자가 있어.
97-4	그녀는 **floor**를 대리석 타일로 깔았어.	99-9	그는 겨울에는 두꺼운 옷을 **wear**해.
97-5	**baby**가 웃고 있는 엄마를 보고 있어.	99-10	**suddenly** 바깥에 비가 오기 시작했어.
97-6	그 **city**는 사람들과 차들로 가득해.	100-1	그녀는 작은 뱀을 **pet**으로 기르고 있어.
97-7	**afternoon**에는 그녀는 낮잠을 자.	100-2	많은 **foreign** 사람들이 한국을 방문해.
97-8	미끄러지지 않도록 **branch**를 잡아라.	100-3	그녀는 숲에서 화려한 버섯을 **find**했어.
97-9	그는 두 번째 **bowl**에 밀가루를 부었어.	100-4	이곳은 노인이 휴식하기에 좋은 **place**이야.
97-10	소년이 그물로 **dragonfly**를 잡고 있어.	100-5	**beautiful**한 꽃들이 정원에 가득해.
98-1	**perhaps** 그들은 남편과 아내야.	100-6	1 **week**후에 짧은 여름방학이 끝나.
98-2	나는 **scissor**로 두꺼운 종이를 잘랐어.	100-7	나는 편지봉투에 **stamp**를 붙였어.
98-3	그녀는 돼지저금통을 동전으로 **fill**했어.	100-8	오늘은 **Monday**이니, 화요일이니?
98-4	그는 **body**와 마음이 둘 다 피곤해.	100-9	그는 우표를 모으는데 돈을 **spend**해.
98-5	그녀는 선물 **shop**에서 곰 인형을 샀어.	100-10	이 약국은 **weekday**에만 문을 열어.

참 잘했습니다

본 영어학습에 대해서 궁금한 점이 있다면
네이버 카페 한글영어 공식카페로
질문해주시면 성심껏
답변을 드리도록 하겠습니다.

http://cafe.naver.com/korchinese/17544

원어민 음성 mp3도 다운 가능합니다

초등영어공부혼자하기
영어단어
B
A

영어단어 01

번호	영어단어	한글의미	번호	영어단어	한글의미	번호	영어단어	한글의미
51 일차			24	princess	공주	8	question	질문
			25	put	바르다	9	fast	빠른
1	kick	차다	26	glue	풀	10	rabbit	토끼
2	soccer	축구	27	onto ~	~위에	11	lose	지다
3	ball	공	28	envelope	봉투	12	slow	느린
4	hard	세게	29	cat	고양이	13	turtle	거북이
5	into~	~안으로	30	carefully	조심스럽게	14	invite	초대하다
6	goal	골	31	chase	쫓다	15	many	많은
7	water	물	32	mouse	쥐	16	guest	손님
8	fall	떨어지다	33	yesterday	어제	17	this year	올해
9	waterfall	폭포	34	full	가득 찬	18	meet	만나다
10	tired	피곤한	35	fun	재미	19	excellent	훌륭한
11	hard	힘든	36	watermelon	수박	20	teacher	선생님
12	work	일	37	fruit	과일	21	copy	따라하다
13	learn	배우다	38	like	좋아하다	22	clown	어릿광대
14	English	영어				23	behavior	행동
15	third	세 번째	**52일차**			24	look at~	~를 보다
16	grade	학년				25	mountain	산
17	couldn't	할 수 없었다	1	husband	남편	26	through~	~를 통해서
18	sleep	잠자다	2	children	아이들	27	telescope	망원경
19	noise	소음	3	refrigerator	냉장고	28	first	첫 번째
20	prince	왕자	4	full	가득 찬	29	visit	방문
21	dive	잠수하다	5	fruit	과일	30	Korea	한국
22	into~	~안으로	6	surprised	놀란	31	wipe	닦다
23	save	구하다	7	strange	이상한	32	wet	젖은

영어단어 02

영어단어와 한글의미로 공부한 후 다음처럼 말해보세요.
1. 한글의미를 가리고 영어단어를 보고 의미를 말해본다
2. 영어단어를 가리고 한글의미를 보고 영어를 말해본다

mp3 듣기 

번호	영어단어	한글의미	번호	영어단어	한글의미	번호	영어단어	한글의미
33	hand	손	21	blow	불다	3	goose	거위
34	towel	수건	22	balloon	풍선	4	market	시장
			23	horse	말	5	bored	지루해하는
53일차			24	police	경찰	6	speech	연설
			25	tie	묶다	7	bee	벌
1	young	어린	26	thief	도둑	8	collect	모으다
2	girl	소녀	27	hand	손	9	honey	꿀
3	do	하다	28	foot	발	10	flower	꽃
4	presentation	발표	29	king	왕	11	prince	왕자
5	stage	무대	30	queen	왕비	12	look for~	~를 찾다
6	fall	떨어지다	31	kingdom	왕국	13	owner	주인
7	asleep	잠자는	32	lava	번데기	14	shoe	신발
8	movie	영화	33	turn	변하다	15	volleyball	배구
9	boring	지루한	34	into~	~로	16	gym	체육관
10	restaurant	식당	35	butterfly	나비	17	bathroom	욕실
11	famous	유명한	36	later	나중에	18	wash	씻다
12	fish	생선	37	wrap	감싸다	19	dirty	더러운
13	dish	요리	38	wire	철사	20	foot	발
14	ready	준비된	39	around ~	~주위에	21	take	먹다
15	math	수학	40	stick	막대기	22	medicine	약
16	test	시험				23	headache	두통
17	pray	기도하다	**54일차**			24	have to	해야만 한다
18	world	세계				25	help	돕다
19	peace	평화	1	buy	사다	26	weak	약한
20	clown	어릿광대	2	chicken	닭	27	people	사람들

영어단어 03

번호	영어단어	한글의미	번호	영어단어	한글의미	번호	영어단어	한글의미
28	give	주다	14	over there	저기에	39	world	세계
29	son	아들	15	brave	용감한			
30	toy	장난감	16	people	사람들		**56일차**	
31	as ~	~로써	17	afraid	무서워하는			
32	birthday	생일	18	monster	괴물	1	draw	그리다
33	gift	선물	19	ride	타다	2	picture	그림
34	father	아버지	20	bike	자전거	3	wall	벽
35	soup	국	21	along~	~을 따라서	4	company	회사
36	kitchen	부엌	22	river	강	5	also	또한
			23	yesterday	어제	6	opportunity	기회
	55일차		24	buy	사다	7	old	나이 많은
			25	meat	고기	8	silent	조용한
1	wonderful	훌륭한	26	vegetable	야채	9	during ~	~동안
2	soccer	축구	27	market	시장	10	concert	연주회
3	player	선수	28	bring	데려오다	11	carpenter	목수
4	notebook	공책	29	wife	아내	12	fix	고치다
5	desk	책상	30	son	아들	13	roof	지붕
6	there's ~	~이 있다	31	to ~	~ 로	14	tool	도구
7	fun	재밌는	32	move	이사하다	15	grocery	식료품
8	movie	영화	33	from ~	~로 부터	16	store	가게
9	feature	등장하다	34	city	도시	17	opposite	맞은편의
10	turtle	거북이	35	town	마을	18	pharmacy	약국
11	can you~?	~해 주세요?	36	ostrich	타조	19	lose	잃어버리다
12	pass	건네다	37	big	큰	20	shoe	신발
13	salt	소금	38	bird	새	21	while~	~동안

영어단어 04

영어단어와 한글의미로 공부한 후 다음처럼 말해보세요.
1. 한글의미를 가리고 영어단어를 보고 의미를 말해본다
2. 영어단어를 가리고 한글의미를 보고 영어를 말해본다

mp3 듣기

번호	영어단어	한글의미	번호	영어단어	한글의미	번호	영어단어	한글의미
22	run	달리다	9	bicycle	자전거	34	use	사용하다
23	raise	기르다	10	two	2	35	candle	양초
24	cow	소	11	wheel	바퀴	36	sometimes	때때로
25	pig	돼지	12	table	탁자	37	ride	타다
26	farm	농장	13	tennis	테니스	38	train	기차
27	cousin	사촌	14	ball	공	39	subway	지하철
28	live	살다	15	small	작은			
29	countryside	시골	16	light	가벼운	**58일차**		
30	take	타다	17	general	일반적인			
31	last	마지막	18	opinion	의견	1	name	이름
32	home	집	19	drawing	그림	2	address	주소
33	back then	그 당시	20	afraid	두려워하는	3	onion	양파
34	high school	고등학교	21	fail	실패하다	4	strong	강한
35	student	학생	22	mother	어머니	5	taste	맛
			23	buy	사다	6	smell	냄새
57일차			24	some	몇 개의	7	sun	태양
			25	candy	캔디	8	shine	빛나다
1	send	보내다	26	for ~	~를 위해	9	clear	맑은
2	apologetic	사과의	27	kid	아이	10	sky	하늘
3	letter	편지	28	pick	고르다	11	pay for~	~을 지불하다
4	friend	친구	29	potato	감자	12	cash	현금
5	return	돌아가다	30	market	시장	13	cross	건너다
6	united	연합한	31	have to~	~해야만 한다	14	river	강
7	state	주	32	careful	주의 깊은	15	boat	배, 보트
8	next	다음의	33	when ~	~할 때	16	rainbow	무지개

영어단어 05

번호	영어단어	한글의미	번호	영어단어	한글의미	번호	영어단어	한글의미
17	appear	나타나다	7	subject	과목	32	treasure	보물
18	after ~	~후에	8	magician	마술사	33	all of us	우리 모두
19	rain	비가 오다	9	show	보여주다	34	sunlight	햇빛
20	often	자주	10	children	아이들	35	pants	바지
21	confuse	혼동하다	11	magic	마술	36	dry	마른
22	left	왼쪽	12	number	숫자	37	sugar	설탕
23	right	오른쪽	13	foreigner	외국인	38	salt	소금
24	fire fighter	소방관	14	visit	방문하다	39	melt	녹다
25	best	최고의	15	Korea	한국	40	well	잘
26	put out~	~를 끄다	16	increase	증가하다	41	water	물
27	fire	불	17	some	몇몇의			
28	white	하얀	18	animal	동물	**60일차**		
29	cloud	구름	19	change	바꾸다			
30	blue	파란	20	color	색깔	1	arrive	도착하다
31	potato	감자	21	their	그들의	2	palace	궁전
32	basket	바구니	22	body	몸	3	queen	여왕
			23	kind	친절한	4	live	살다
59일차			24	warm	따뜻한	5	learn	배우다
			25	hearted	마음을 가진	6	math	수학
1	have	먹다	26	person	사람	7	older	손위의
2	apple	사과	27	doctor	의사	8	brother	남자형제
3	pie	파이	28	cure	치료하다	9	science	과학
4	dessert	후식	29	sick	아픈	10	favorite	매우 좋아하는
5	history	역사	30	people	사람들	11	subject	과목
6	difficult	어려운	31	nature	자연	12	mother	어머니

영어단어 06

영어단어와 한글의미로 공부한 후 다음처럼 말해보세요.
1. 한글의미를 가리고 영어단어를 보고 의미를 말해본다
2. 영어단어를 가리고 한글의미를 보고 영어를 말해본다

mp3 듣기

번호	영어단어	한글의미	번호	영어단어	한글의미	번호	영어단어	한글의미
13	three	3	**61일차**			24	equal	같은
14	children	아이들				25	fifteen	15
15	police car	경찰차	1	half	절반	26	minute	분
16	closely	가까이	2	six	6	27	show	보여주다
17	chase	쫓다	3	month	달	28	dinosaur	공룡
18	robber	강도	4	clean	깨끗한	29	doll	인형
19	variety	여러 가지	5	new	새로운	30	children	아이들
20	fish	물고기	6	shoe	구두	31	inside~	~안에
21	fishbowl	어항	7	brush	솔	32	wait	기다리다
22	explain	설명하다	8	prepare	준비하다	33	moment	잠깐
23	point	요점	9	picnic	소풍	34	spring	봄
24	people	사람들	10	knock	노크하다	35	season	계절
25	grow	키우다	11	first	먼저	36	like	좋아하다
26	corn	옥수수	12	before~	~전에	37	most	가장 많은
27	potato	감자	13	open	열다			
28	farm	농장	14	door	문	**62일차**		
29	paint	색칠하다	15	draw	그리다			
30	side	옆쪽	16	circle	원	1	bakery	빵집
31	fence	울타리	17	coin	동전	2	across~	~을 가로질러
32	white	하얀색	18	noon	정오	3	street	거리
33	put on~	~을 입다	19	mean	의미하다	4	engineer	기술자
34	gold	금	20	twelve	12	5	fix	고치다
35	ring	반지	21	o'clock	시	6	broken	부서진
36	finger	손가락	22	quarter	1/4	7	machine	기계
			23	hour	시간	8	so	너무

영어단어 07

번호	영어단어	한글의미	번호	영어단어	한글의미	번호	영어단어	한글의미
9	sorry	미안한	34	pull	끌다	22	clean	깨끗한
10	late	늦은				23	soap	비누
11	appointment	약속		**63일차**		24	choose	선택하다
12	forget	잊어버리다				25	between~	~사이에
13	lock	잠그다	1	cut	자르다	26	or	또는
14	gate	대문	2	cucumber	오이	27	slowly	느리게
15	decide	결심하다	3	into~	~로	28	climb	올라가다
16	propose	청혼하다	4	eight	8	29	ladder	사다리
17	sick	아픈	5	piece	조각	30	stick	붙이다
18	should	해야만 한다	6	there is~	~이 있다	31	note	메모
19	eat	먹다	7	lamp	전등	32	refrigerator	냉장고
20	a lot	많이	8	table	탁자	33	magnet	자석
21	fruit	과일	9	bedroom	침실	34	there was~	~이 있었다
22	sing	노래하다	10	factory	공장	35	fire	화재
23	sad	슬픈	11	produce	생산하다	36	apartment	아파트
24	song	노래	12	chicken	닭	37	last	지난
25	dial	전화를 걸다	13	cat	고양이	38	night	밤
26	wrong	잘못된	14	fight	싸우다			
27	number	번호	15	yard	마당		**64일차**	
28	mistake	실수	16	know	알다			
29	true	사실의	17	a lot of	많은	1	agree	동의하다
30	princess	공주	18	funny	재미있는	2	what ~	~ 것
31	if~	만약~라면	19	story	이야기	3	say	말하다
32	push	밀다	20	wash	씻다	4	what	무엇
33	cart	카트	21	face	얼굴	5	your	너의

영어단어 08

영어단어와 한글의미로 공부한 후 다음처럼 말해보세요.
1. 한글의미를 가리고 영어단어를 보고 의미를 말해본다
2. 영어단어를 가리고 한글의미를 보고 영어를 말해본다

번호	영어단어	한글의미	번호	영어단어	한글의미	번호	영어단어	한글의미
6	plan	계획	31	cut	베다	13	hurt	다치다
7	holiday	휴일	32	finger	손가락	14	knee	무릎
8	rich	부유한	33	with~	~를 가지고	15	factory	공장
9	woman	여자	34	sharp	날카로운	16	worker	근로자
10	buy	사다	35	knife	칼	17	whale	고래
11	expensive	비싼	36	story	이야기	18	dive	잠수하다
12	necklace	목걸이	37	princess	공주	19	into~	~안으로
13	order	주문하다	38	seven	7	20	deep	깊은
14	clothes	옷	39	dwarf	난쟁이	21	water	물
15	cousin	사촌	40	funny	재밌는	22	housewife	주부
16	ride	타다				23	wear	입다
17	bicycle	자전거	**65일차**			24	glove	장갑
18	park	공원				25	so	너무
19	sun	태양	1	library	도서관	26	thirsty	목마른
20	rise	뜨다	2	read	읽다	27	drink	마시다
21	East	동쪽	3	book	책	28	even	심지어
22	set	지다	4	how about~	~는 어때?	29	monkey	원숭이
23	West	서쪽	5	meet	만나다	30	fall	떨어지다
24	receive	받다	6	4 pm	오후 4시	31	from~	~로 부터
25	salary	월급	7	Thursday	목요일	32	tree	나무
26	million	백만	8	decorate	장식하다	33	am going to	~할 것이다
27	won	원(₩)	9	flower	꽃	34	novel	소설
28	promise	약속하다	10	frame	액자	35	during ~	~동안
29	myself	나 자신	11	accidently	실수로	36	holiday	휴일
30	study	공부하다	12	fall down	넘어지다			

영어단어 09

번호	영어단어	한글의미	번호	영어단어	한글의미	번호	영어단어	한글의미
66일차			24	Korea	한국	9	could you?	~해주세요?
			25	sister	언니	10	open	열다
1	meet	만나다	26	get lost	길을 잃다	11	bottle	병
2	classmate	반 친구	27	forest	숲	12	wine	포도주
3	amusement	재미	28	child	어린이	13	father	아버지
4	park	공원	29	paint	색칠하다	14	work	일하다
5	pay	지불하다	30	sun	태양	15	steel	강철
6	rent	방세	31	red	빨간	16	company	회사
7	by~	~쯤에	32	need	필요하다	17	manage	간신히 하다
8	end	끝	33	carry	나르다	18	arrive	도착하다
9	month	달	34	luggage	여행용 짐	19	right	바로
10	collect	모으다	35	there were	~이 있었다	20	before ~	~전
11	shell	조개껍질	36	hole	구멍	21	presentation	발표
12	beach	해변	37	sock	양말	22	deaf	귀가 먹은
13	ask	묻다				23	hear	듣다
14	teacher	선생님	**67일차**			24	price	가격
15	answer	대답				25	oil	기름
16	question	질문	1	bat	박쥐	26	keep	계속하다
17	leave	떠나다	2	inside~	~안에	27	increase	증가하다
18	China	중국	3	dark	어두운	28	this year	올해
19	tomorrow	내일	4	cave	동굴	29	hunter	사냥꾼
20	old times	옛날	5	start	시작하다	30	hunt	사냥하다
21	rice	쌀	6	carry	나르다	31	deer	사슴
22	main	주요한	7	heavy	무거운	32	woods	숲
23	food	음식	8	luggage	여행용 짐	33	when~	~할 때

영어단어 10

영어단어와 한글의미로 공부한 후 다음처럼 말해보세요.
1. 한글의미를 가리고 영어단어를 보고 의미를 말해본다
2. 영어단어를 가리고 한글의미를 보고 영어를 말해본다

mp3 듣기 

번호	영어단어	한글의미	번호	영어단어	한글의미	번호	영어단어	한글의미
34	birthday	생일	19	hide	숨다			
35	nice	멋진	20	behind~	~뒤에	1	dentist	치과의사
36	wonderful	훌륭한	21	big	큰	2	pull	당기다
37	thing	일	22	tree	나무	3	decay	썩다
			23	policeman	경찰관	4	tooth	치아
68일차			24	bind	묶다	5	play	연주하다
			25	thief	도둑	6	violin	바이올린
1	girl	소녀	26	hand	손	7	well	잘
2	draw	그리다	27	foot	발	8	use	사용하다
3	picture	그림	28	hold	잡다	9	brain	두뇌
4	park	공원	29	bag	가방	10	solve	풀다
5	lighthouse	등대	30	into~	~안으로	11	problem	문제
6	guide	안내하다	31	cave	동굴	12	grab	잡다
7	ship	배	32	candle	양초	13	rabbit	토끼
8	harbor	항구	33	spider	거미	14	long	긴
9	reach	도착하다	34	hang	매달리다	15	ear	귀
10	island	섬	35	from~	~로 부터	16	hold	잡다
11	fishing	낚시	36	ceiling	천장	17	flower	꽃
12	boat	배	37	hen	암탉	18	vase	꽃병
13	must	해야만 한다	38	lay	낳다	19	care	주의
14	wake up	일어나다	39	golden	금으로 된	20	small	작은
15	early	일찍	40	egg	달걀	21	arrive	도착하다
16	tomorrow	내일	41	everyday	매일	22	large	큰
17	morning	아침				23	castle	성
18	deer	사슴	**69일차**			24	have to~	해야만 한다

영어단어 11

번호	영어단어	한글의미	번호	영어단어	한글의미	번호	영어단어	한글의미
25	finish	마치다	9	wrong	틀린	34	wave	흔들다
26	work	일	10	letter	글자	35	tail	꼬리
27	by~	~까지	11	eraser	지우개	36	from~ to~	~에서 ~로
28	noon	정오	12	doesn't	아니다	37	side	옆쪽
29	wear	입다	13	much	많은			
30	wonderful	멋진	14	money	돈	**71일차**		
31	earring	귀걸이	15	father	아버지			
32	draw	그리다	16	eight	8	1	teach	가르치다
33	bird	새	17	children	아이들	2	history	역사
34	tree	나무	18	hurry	서두르다	3	school	학교
35	house	집	19	or	그렇지 않으면	4	choose	선택하다
36	happily	기쁘게	20	will~	~할 것이다	5	yellow	노란
37	receive	받다	21	miss	놓치다	6	handkerchief	손수건
38	present	선물	22	train	기차	7	interested	흥미가 있는
			23	plant	심다	8	study	공부하다
70일차			24	flower	꽃	9	Chinese	중국어
			25	garden	정원	10	leaf	나뭇잎
1	dance	춤추다	26	lucky	운이 좋은	11	fall	떨어지다
2	exciting	신나는	27	enough	충분한	12	Autumn	가을
3	music	음악	28	find	발견하다	13	usually	대개
4	have	먹다	29	missing	잃어버린	14	church	교회
5	bread	빵	30	wallet	지갑	15	Sunday	일요일
6	milk	우유	31	sleep	잠	16	river	강물
7	breakfast	아침식사	32	important	중요한	17	flow	흐르다
8	erase	지우다	33	health	건강	18	under~	~아래에

영어단어 12

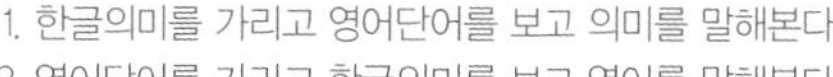

번호	영어단어	한글의미	번호	영어단어	한글의미	번호	영어단어	한글의미
19	bridge	다리	8	make	만들다	33	buy	사다
20	strange	이상한	9	gold	금	34	new	새로운
21	person	사람	10	eat	먹다	35	pencil	연필
22	follow	따라오다	11	bunch	송이	36	eraser	지우개
23	us	우리	12	grape	포도	37	Chinese	중국의
24	secret	비밀	13	dessert	후식	38	speak	말하다
25	between~	~사이에	14	both	둘 다	39	Chinese	중국어
26	queen	여왕	15	tiger	호랑이	40	well	잘
27	wear	입다	16	lion	사자			
28	necklace	목걸이	17	dangerous	위험한	**73일차**		
29	earring	귀걸이	18	animal	동물			
30	am going~	~갈 것이다	19	crazy	미친	1	museum	박물관
31	amusement	놀이	20	person	사람	2	display	전시하다
32	park	공원	21	keep	계속하다	3	old	오래된
33	weekend	주말	22	talk	말하다	4	thing	물건
			23	crowd	군중	5	borrow	빌리다
72일차			24	shout	소리치다	6	money	돈
			25	name	이름	7	bank	은행
1	mother	어머니	26	pilot	조종사	8	big	큰
2	grab	붙잡다	27	someone	어떤 사람	9	well	우물
3	child	아이	28	fly	조종하다	10	middle	가운데
4	arm	팔	29	airplane	비행기	11	our	우리의
5	king	왕	30	hunt	사냥하다	12	village	마을
6	wear	쓰다	31	zebra	얼룩말	13	place	놓다
7	crown	왕관	32	grassland	초원	14	jewel	보석

영어단어 13

번호	영어단어	한글의미	번호	영어단어	한글의미	번호	영어단어	한글의미
15	case	상자				26	as A as B	B만큼 A한
16	inside~	~안에	1	wake up	일어나다	27	fox	여우
17	drawer	서랍	2	seven	7	28	everybody	모든 사람
18	know	알다	3	o'clock	시	29	open	열다
19	where	어디	4	every	모든	30	your	너의
20	capital	수도	5	morning	아침	31	textbook	교과서
21	Japan	일본	6	opinion	의견	32	page	쪽
22	donkey	당나귀	7	different	다른			
23	carrot	당근	8	mine	나의 것		**75일차**	
24	train	기차	9	snowman	눈사람			
25	arrive	도착하다	10	snow	눈	1	shepherd	양치기
26	destination	목적지	11	swim	수영하다	2	protect	지키다
27	soon	곧	12	across ~	~ 가로질러	3	sheep	양
28	clothes	옷	13	river	강	4	wolf	늑대
29	shoe	신발	14	painter	화가	5	house	집
30	bag	가방	15	writer	작가	6	close	가까운
31	scary	무서운	16	important	중요한	7	subway	지하철
32	wolf	늑대	17	person	사람	8	station	역
33	watch	보다	18	company	회사	9	whole	전체의
34	deer	사슴	19	mother	어머니	10	family	가족
35	root	뿌리	20	cook	요리하다	11	sauna	사우나
36	spread	퍼지다	21	kitchen	부엌	12	weekend	주말
37	underground	땅 속	22	giraffe	기린	13	pants	바지
			23	tall	키 큰	14	too	너무
	74일차		24	animal	동물	15	short	짧은

영어단어 14

영어단어와 한글의미로 공부한 후 다음처럼 말해보세요.
1. 한글의미를 가리고 영어단어를 보고 의미를 말해본다
2. 영어단어를 가리고 한글의미를 보고 영어를 말해본다

번호	영어단어	한글의미	번호	영어단어	한글의미	번호	영어단어	한글의미
16	wear	입다				25	shoulder	어깨
17	rice cake	떡	1	soldier	군인	26	little	거의 없는
18	drink	마시다	2	kill	죽이다	27	pocket	주머니
19	beverage	음료수	3	enemy	적군	28	they	그들
20	what time	몇 시	4	cannon	대포	29	fight	싸우다
21	bank	은행	5	today	오늘	30	freedom	자유
22	close	닫다	6	fine	좋은			
23	Friday	금요일	7	picnic	소풍	**77일차**		
24	buy	사다	8	accident	사고			
25	round trip	왕복 여행	9	~ ago	~전에	1	plant	식물
26	ticket	표	10	friendly	친절한	2	need	필요하다
27	time	시간	11	wise	현명한	3	light	빛
28	say	말하다	12	person	사람	4	water	물
29	goodbye	작별인사	13	housewife	주부	5	treat	취급하다
30	friend	친구	14	place	놓다	6	like ~	~처럼
31	dim	희미한	15	kettle	주전자	7	child	아이
32	light	불빛	16	above~	~위에	8	finally	마침내
33	blink	깜박거리다	17	flame	불꽃	9	war	전쟁
34	distance	먼 곳	18	break	깨뜨리다	10	break out	발생하다
35	park	주차하다	19	window	창문	11	between ~	~사이에
36	beside ~	~옆에	20	with~	~를 가지고	12	country	나라
37	fire	불	21	rock	돌멩이	13	trash can	쓰레기통
38	hydrant	소화전	22	what	무엇	14	full	가득 찬
			23	table	탁자	15	trash	쓰레기
76일차			24	hand	손	16	think	생각하다

영어단어 15

번호	영어단어	한글의미	번호	영어단어	한글의미	번호	영어단어	한글의미
17	husband	남편	4	last	지난	29	vacation	방학
18	cat	고양이	5	hang	매달다	30	especially	특별히
19	chase	쫓다	6	Korean	한국의	31	short	짧은
20	mouse	쥐	7	flag	깃발	32	math	수학
21	hard	열심히	8	sail	돛	33	most	가장
22	try	노력하다	9	ship	배	34	interesting	흥미로운
23	steal	훔치다	10	park	주차하다	35	subject	과목
24	jewel	보석	11	inside~	~안에	36	from now on	지금부터
25	already	벌써	12	garage	차고	37	enter	들어가다
26	get ~	~되다	13	war	전쟁	38	own	자신의
27	hot	더운	14	destroy	파괴하다	39	room	방
28	June	6월	15	world	세계			
29	bring	데려오다	16	peace	평화	**79일차**		
30	wife	아내	17	country	나라			
31	kid	아이	18	compose	구성하다	1	call	부르다
32	both	둘 다	19	people	국민	2	nickname	별명
33	potato	감자	20	land	땅	3	cabbage	양배추
34	sweet	달콤한	21	soccer	축구	4	will you~?	~해주세요?
35	sweet potato	고구마	22	popular	인기 있는	5	favor	부탁
			23	sport	운동	6	tonight	오늘밤
78일차			24	read	읽다	7	dolphin	돌고래
			25	cartoon	만화	8	very	매우
1	how	어떻게	26	newspaper	신문	9	smart	영리한
2	trip	여행	27	this	이번	10	animal	동물
3	England	영국	28	summer	여름	11	snake	뱀

영어단어 16

영어단어와 한글의미로 공부한 후 다음처럼 말해보세요.
1. 한글의미를 가리고 영어단어를 보고 의미를 말해본다
2. 영어단어를 가리고 한글의미를 보고 영어를 말해본다

번호	영어단어	한글의미	번호	영어단어	한글의미	번호	영어단어	한글의미
12	tongue	혀	37	today	오늘	18	letter	편지
13	move	움직이다	38	so	그래서	19	post office	우체국
14	fast	빠른	39	should	해야만 한다	20	wife	아내
15	massive	거대한	40	drive	운전하다	21	forever	영원히
16	wave	파도	41	carefully	주의 깊게	22	soon	곧
17	push	밀다				23	train	기차
18	ship	배	**80일차**			24	into~	~안으로
19	shore	해안가				25	station	역
20	save	저축하다	1	used to ~	~했었다	26	airplane	비행기
21	money	돈	2	same	같은	27	arrive	도착하다
22	bank	은행	3	kindergarten	유치원	28	safely	무사히
23	there are~	~이 있다	4	before	전에	29	airport	공항
24	many	많은	5	taxi	택시	30	blind	눈이 먼
25	plant	식물	6	driver	운전기사	31	while	잠깐
26	jungle	정글	7	keep	지키다	32	because of~	~때문에
27	dragonfly	잠자리	8	traffic	교통	33	bright	눈부신
28	fly	날다	9	light	신호등	34	sun	태양
29	sky	하늘	10	pillow	베개	35	hello	안녕
30	Autumn	가을	11	too	너무	36	these days	요즈음
31	so	매우	12	hard	딱딱한			
32	can	할 수 있다	13	sleep	잠자다	**81일차**		
33	solve	풀다	14	remember	기억하다			
34	difficult	어려운	15	title	제목	1	table	탁자
35	test	시험	16	movie	영화	2	wood	나무
36	foggy	안개 낀	17	send	보내다	3	tool	도구

영어단어 17

번호	영어단어	한글의미	번호	영어단어	한글의미	번호	영어단어	한글의미
4	guide	안내하다	29	museum	박물관	13	peach	복숭아
5	tourist	관광객	30	find	발견하다	14	strawberry	딸기
6	around~	~주위에	31	mushroom	버섯	15	need	필요하다
7	palace	궁전	32	among~	~사이에	16	exercise	운동하다
8	teacher	선생님	33	tree	나무	17	because~	~때문에
9	know	알다	34	can't	할 수 없다	18	too	너무
10	name	이름	35	ahead	앞으로	19	fat	뚱뚱한
11	student	학생	36	because of	~때문에	20	much	많이
12	sun	태양	37	heavy	짙은	21	sugar	설탕
13	moon	달	38	fog	안개	22	salt	소금
14	stand	서다				23	bad	나쁜
15	one	하나		**82일차**		24	health	건강
16	line	줄				25	get	되다
17	rich	부유한	1	maybe	아마도	26	pinky finger	새끼손가락
18	woman	여자	2	team	팀	27	stick	꽂다
19	poor	가난한	3	win	이기다	28	door	문
20	man	남자	4	next	다음의	29	gold	금
21	prince	왕자	5	spring	봄	30	watch	시계
22	princess	공주	6	warm	따뜻한	31	gift	선물
23	live	살다	7	wind	바람	32	from~	~로 부터
24	leave	떠나다	8	start	시작하다	33	high school	고등학교
25	tomorrow	내일	9	blow	불다	34	physical	육체의
26	want	원하다	10	twin	쌍둥이	35	education	교육
27	go	가다	11	similar	비슷한	36	teacher	선생님
28	robot	로봇	12	face	얼굴	37	take	수업을 듣다

영어단어 18

영어단어와 한글의미로 공부한 후 다음처럼 말해보세요.
1. 한글의미를 가리고 영어단어를 보고 의미를 말해본다
2. 영어단어를 가리고 한글의미를 보고 영어를 말해본다

번호	영어단어	한글의미	번호	영어단어	한글의미	번호	영어단어	한글의미
38	chemistry	화학	20	under~	~아래에	6	shoulder	어깨
39	course	강의	21	water	물	7	shepherd	목동
40	semester	학기	22	dog	개	8	find	발견하다
			23	snake	뱀	9	missing	잃어버린
83일차			24	as ~	~로써	10	lamb	새끼 양
			25	pet	애완동물	11	soldier	군인
1	let's~	~하자	26	almost	거의	12	have to~	해야만 한다
2	make sure	확실히 하다	27	finish	끝내다	13	follow	따르다
3	secret	비밀	28	science	과학	14	their	그들의
4	between~	~사이에	29	homework	숙제	15	superior	상사
5	farmer	농부	30	flight	비행기	16	order	명령
6	grow	재배하다	31	cancel	취소하다	17	bakery	빵집
7	corn	옥수수	32	heavy	심한	18	sell	팔다
8	field	들판	33	rain	비	19	delicious	맛있는
9	cut	베다	34	weather	날씨	20	bread	빵
10	thumb	엄지손가락	35	outside	바깥에	21	like	좋아하다
11	knife	칼	36	now	지금	22	tourist	여행객
12	become~	~이 되다				23	look at~	~을 보다
13	sing	노래하다	**84일차**			24	map	지도
14	musician	음악가				25	wait for~	~을 기다리다
15	wake up	깨우다	1	scientist	과학자	26	snow	눈
16	~ o'clock	~ 시	2	great	좋은	27	stop	멈추다
17	human being	인간	3	idea	생각	28	light	불을 붙이다
18	feel	느끼다	4	put on	메다	29	stove	난로
19	pressure	압력	5	backpack	가방	30	use	사용하다

영어단어 19

번호	영어단어	한글의미	번호	영어단어	한글의미	번호	영어단어	한글의미
31	paper	종이	18	cover	덮다	3	kindergarten	유치원
32	uncle	삼촌	19	whole	전체의	4	draw	그리다
33	cow	소	20	land	땅	5	amazing	놀라운
34	chicken	닭	21	finally	마침내	6	picture	그림
35	pig	돼지	22	baby	아기	7	pencil	연필
			23	begin	시작하다	8	build	짓다
85일차			24	talk	말하다	9	castle	성
			25	nature	자연	10	sand	모래
1	hang	매달다	26	cycle	순환	11	beach	해변
2	next	다음의	27	occur	발생하다	12	clock	시계
3	calendar	달력	28	this	이것	13	wall	벽
4	wall	벽	29	that	저것	14	five	5
5	hot	더운	30	pencil	연필	15	minute	분
6	day	날	31	wear	입다	16	late	늦은
7	year	해, 년	32	jean	청바지	17	third	3번째
8	Earth	지구	33	sneaker	운동화	18	brick	벽돌
9	flat	평평한	34	hear	듣다	19	want	원하다
10	round	둥근	35	strange	이상한	20	hear	듣다
11	think	생각하다	36	sound	소리	21	frank	솔직한
12	time	시간	37	outside	바깥에서	22	opinion	의견
13	money	돈				23	different	다른
14	last	지난	**86일차**			24	speed	빨리 가다
15	night	밤				25	road	도로
16	white	하얀	1	pick up	데려오다	26	keep	유지하다
17	snow	눈	2	son	아들	27	room	방

영어단어 20

영어단어와 한글의미로 공부한 후 다음처럼 말해보세요.
1. 한글의미를 가리고 영어단어를 보고 의미를 말해본다
2. 영어단어를 가리고 한글의미를 보고 영어를 말해본다

mp3 듣기 

번호	영어단어	한글의미	번호	영어단어	한글의미	번호	영어단어	한글의미
28	warm	따뜻한	14	wipe	닦다	39	safely	안전하게
29	stove	난로	15	sweat	땀			
30	walk	걷다	16	clean	깨끗한		**88일차**	
31	company	회사	17	handkerchief	손수건			
32	yesterday	어제	18	drive	운전하다	1	write	쓰다
33	insert	집어넣다	19	like ~	~처럼	2	letter	편지
34	coin	동전	20	crazy	미친	3	appreciation	감사
35	vend	팔다	21	person	사람	4	friend	친구
36	machine	기계	22	musician	음악가	5	princess	공주
			23	stand	서다	6	keep	보관하다
	87일차		24	silently	조용히	7	tower	탑
			25	stage	무대	8	for~	~동안
1	four	4	26	keep	유지하다	9	twenty	20
2	distinctive	뚜렷한	27	toilet	화장실	10	brave	용감한
3	season	계절	28	clean	깨끗한	11	prince	왕자
4	Korea	한국	29	bee	벌	12	save	구하다
5	learn	배우다	30	fly	날다	13	pull	당기다
6	horse	말	31	through~	~사이로	14	rubber	고무
7	riding	타기	32	flower	꽃	15	band	끈
8	every	모든	33	deer	사슴	16	back	뒤로
9	Saturday	토요일	34	target	표적	17	thank for~	~에 감사하다
10	draw	그리다	35	lion	사자	18	witch	마녀
11	circle	원	36	pilot	조종사	19	ask	묻다
12	ground	땅	37	fly	조종하다	20	mirror	거울
13	stick	막대기	38	airplane	비행기	21	wall	벽

영어단어 21

번호	영어단어	한글의미	번호	영어단어	한글의미	번호	영어단어	한글의미
22	smile	웃다	7	solve	풀다	32	sleepy	졸린
23	funny	웃기는	8	math	수학	33	go to bed	잠자리에 들다
24	story	이야기	9	problem	문제	34	early	일찍
25	few	소수의	10	visit	방문하다	35	final	마지막의
26	people	사람들	11	America	미국	36	score	점수
27	know	알다	12	twice	두 번	37	football	축구
28	about~	~관하여	13	wheel	바퀴	38	A to B	A 대(:) B
29	secret	비밀	14	turn	돌다	39	hungry	배고픈
30	ant	개미	15	very	매우	40	enough	충분한
31	fast	빠른	16	fast	빠르게	41	eat	먹다
32	snail	달팽이	17	air	공기	42	rock	돌
33	slow	느린	18	pollution	오염			
34	already	이미	19	all	모든	**90일차**		
35	read	읽다	20	living	살아있는			
36	novel	소설	21	thing	생물	1	get up	일어나다
37	twice	두 번	22	we	우리	2	early	일찍
			23	catch	잡다	3	morning	아침
89일차			24	jellyfish	해파리	4	good	좋은
			25	sea	바다	5	habit	습관
1	head	머리	26	they	그들	6	science	과학
2	hurt	아프다	27	dig	파다	7	more than~	~보다 더
3	pillow	베개	28	gold	금	8	math	수학
4	too	너무	29	silver	은	9	your	너의
5	hard	딱딱한	30	valley	계곡	10	number	번호
6	try	노력하다	31	so	너무	11	class	반

영어단어 22

영어단어와 한글의미로 공부한 후 다음처럼 말해보세요.
1. 한글의미를 가리고 영어단어를 보고 의미를 말해본다
2. 영어단어를 가리고 한글의미를 보고 영어를 말해본다

mp3 듣기 

번호	영어단어	한글의미	번호	영어단어	한글의미	번호	영어단어	한글의미
12	understand	이해하다	37	become~	~이 되다	19	park	공원
13	older	손위의	38	president	대통령	20	use	사용하다
14	brother	형	39	a few	어느 정도	21	living room	거실
15	advice	조언	40	later	후에	22	as ~	~ 으로
16	well	잘				23	dining room	식당
17	don't	아니다		**91일차**		24	change	바꾸다
18	know	알다				25	color	색깔
19	if ~	~인지 아닌지	1	ice	얼음	26	their	그들의
20	alive	살아있는	2	snow	눈	27	house	집
21	dead	죽은	3	water	물	28	rabbit	토끼
22	parents	부모님	4	same	같은	29	onion	양파
23	their	그들의	5	end	끝	30	cabbage	양배추
24	children	아이들	6	many	많은	31	carrot	당근
25	plan	계획하다	7	soldier	군인	32	all	모든
26	paint	색칠하다	8	die	죽다	33	living	살아있는
27	yellow	노란색	9	last	지난	34	thing	생물
28	young	어린	10	battle	전투	35	can't ~	~할 수 없다
29	but	그러나	11	just	단지	36	escape	도망가다
30	strong	강한	12	tired	피곤한	37	death	죽음
31	where	어디	13	right	바로	38	around	대략
32	go	가다	14	now	지금	39	what time	몇 시
33	during~	~동안	15	pigeon	비둘기	40	school	학교
34	winter	겨울	16	gather	모이다	41	finish	끝나다
35	vacation	방학	17	around~	~주위에	42	usually	보통
36	beggar	거지	18	city	도시	43	slide	미끄러지다

영어단어 23

번호	영어단어	한글의미	번호	영어단어	한글의미	번호	영어단어	한글의미
44	easily	쉽게	22	painting	그림	9	square	사각형
			23	gallery	화랑	10	decide	결심하다
92일차			24	birthday	생일	11	join	참가하다
			25	April	4월	12	volleyball	배구
1	sky	하늘	26	dear	사랑하는	13	competition	대회
2	clear	맑은	27	children	아이들	14	nurse	간호사
3	without~	~없이	28	grow up	자라다	15	assist	돕다
4	spot	점	29	well	잘	16	dentist	치과의사
5	cloud	구름	30	buy	사다	17	side	옆쪽
6	arrive	도착하다	31	book	책	18	sock	양말
7	island	섬	32	bookstore	서점	19	underwear	속옷
8	boat	배	33	there is~	~이 있다	20	inside~	~안에
9	read	읽다	34	middle	중간	21	box	상자
10	newspaper	신문	35	Han River	한강	22	deer	사슴
11	every	모든				23	sad	슬픈
12	morning	아침	**93일차**			24	animal	동물
13	swing	흔들다				25	long	긴
14	arm	팔	1	owl	부엉이	26	neck	목
15	while~	~동안	2	bird	새	27	foolish	어리석은
16	walk	걷다	3	mostly	대개	28	know	알다
17	find	발견하다	4	active	활동적인	29	problem	문제
18	jellyfish	해파리	5	night	밤	30	travel	여행하다
19	beach	해변	6	some	어떤	31	moon	달
20	artist	화가	7	believe	믿다	32	future	미래
21	exhibit	전시하다	8	Earth	지구	33	ready	준비가 된

영어단어 24

영어단어와 한글의미로 공부한 후 다음처럼 말해보세요.
1. 한글의미를 가리고 영어단어를 보고 의미를 말해본다
2. 영어단어를 가리고 한글의미를 보고 영어를 말해본다

mp3 듣기 

번호	영어단어	한글의미	번호	영어단어	한글의미	번호	영어단어	한글의미
34	give	주다	17	into~	~안으로	**95일차**		
35	speech	연설	18	hot	뜨거운			
36	platform	연단	19	teacher	선생님	1	brush	솔로 닦다
37	painting	그림	20	give	주다	2	tooth	이빨
38	run	달리다	21	us	우리	3	three	3
39	horse	말	22	easy	쉬운	4	time	번
			23	math	수학	5	day	하루
94일차			24	problem	문제	6	gentleman	신사
			25	really	정말로	7	greet	인사하다
1	welcome	환영하다	26	wish for~	~를 바라다	8	lady	숙녀
2	player	선수	27	success	성공	9	soldier	군인
3	entrance	입장	28	build	짓다	10	fight	싸우다
4	behavior	행동	29	wooden	나무로 된	11	bravely	용감하게
5	follow	따라가다	30	next to~	~옆에	12	battle	전투
6	mind	마음	31	lake	호수	13	people	사람들
7	father	아버지	32	police	경찰	14	march	행진하다
8	mother	어머니	33	work	일하다	15	street	거리
9	get along	살아가다	34	their	그들의	16	climb	기어오르다
10	nowadays	요즘	35	country	국가	17	up	위로
11	throw	던지다	36	people	국민	18	top	정상
12	branch	나뭇가지	37	fold	접다	19	mountain	산
13	bear	곰	38	paper	종이	20	sell	팔다
14	add	더하다	39	into~	~로	21	ice-cream	아이스크림
15	chocolate	초콜릿	40	crane	학	22	cookie	쿠키
16	powder	가루				23	need	필요하다

영어단어 25

번호	영어단어	한글의미	번호	영어단어	한글의미	번호	영어단어	한글의미
24	scarf	목도리	4	woman	여자	29	hot	뜨거운
25	glove	장갑	5	talk	말하다	30	many	많은
26	winter	겨울	6	man	남자	31	attend	참석하다
27	take	가져가다	7	over~	~ 통해	32	meeting	모임
28	large	큰	8	phone	전화	33	all	모든
29	suitcase	여행가방	9	birthday	생일	34	afraid	두려워하는
30	when~	~할 때	10	March	3월	35	failure	실패
31	travel	여행하다	11	fifth	5번째	36	movie	영화
32	abroad	해외로	12	dog	개	37	interesting	흥미로운
33	today	오늘	13	quickly	빨리	38	at all	전혀
34	first	첫번째	14	wag	꼬리 흔들다			
35	class	수업	15	its	그것의	**97일차**		
36	art	미술	16	tail	꼬리			
37	lesson	수업	17	side	옆쪽	1	drink	마시다
38	star	별	18	so much	너무 많은	2	tea	차
39	shine	빛나다	19	useful	유용한	3	instead of~	~대신에
40	brightly	밝게	20	information	정보	4	coffee	커피
41	dark	어두운	21	this	이것	5	put	놓다
42	sky	하늘	22	dad	아빠	6	mark	표시
			23	wash	씻다	7	ground	땅
96일차			24	dish	접시	8	stick	막대기
			25	wash a dish	설거지하다	9	mail carrier	우편배달부
1	take a rest	휴식하다	26	kitchen	부엌	10	deliver	배달하다
2	home	집	27	cold	추운	11	letter	편지
3	evening	저녁	28	drink	마시다	12	cover	깔다

영어단어 26

영어단어와 한글의미로 공부한 후 다음처럼 말해보세요.
1. 한글의미를 가리고 영어단어를 보고 의미를 말해본다
2. 영어단어를 가리고 한글의미를 보고 영어를 말해본다

mp3 듣기 

번호	영어단어	한글의미	번호	영어단어	한글의미	번호	영어단어	한글의미
13	floor	마루바닥				25	chin	턱
14	marble	대리석	1	perhaps	아마도	26	think	생각하다
15	tile	타일	2	husband	남편	27	deeply	깊게
16	baby	아기	3	wife	아내	28	price	가격
17	look at~	~을 보다	4	cut	자르다	29	wedding	결혼
18	mom	엄마	5	thick	두꺼운	30	dress	드레스
19	smile	웃다	6	paper	종이	31	too	너무
20	city	도시	7	scissors	가위	32	expensive	비싼
21	full	가득한	8	fill	채우다	33	school	학교
22	car	차	9	piggy bank	돼지 저금통	34	staircase	계단
23	nap	낮잠	10	coin	동전	35	high	높은
24	afternoon	오후	11	both	둘 다	36	narrow	좁은
25	grab	잡다	12	body	몸	37	grandmother	할머니
26	branch	나뭇가지	13	mind	정신	38	turn~	~이 되다
27	so that~	~하도록 하다	14	tired	피곤한	39	eighty	80
28	slip	미끄러지다	15	buy	사다	40	this year	올해
29	pour	붓다	16	teddy bear	곰인형			
30	into~	~안으로	17	gift	선물	**99일차**		
31	second	두 번째	18	shop	가게			
32	bowl	그릇	19	speaker	연설자	1	smart	똑똑한
33	catch	잡다	20	audience	청중	2	friendly	친절한
34	dragonfly	잠자리	21	laugh	웃다	3	gentleman	신사
35	net	그물	22	several	여러 번	4	hang	걸다
			23	time	번	5	picture	사진
98일차			24	touch	만지다	6	family	가족

영어단어 27

번호	영어단어	한글의미	번호	영어단어	한글의미	번호	영어단어	한글의미
7	wall	벽	32	start	시작하다	20	flower	꽃
8	brave	용감한	33	rain	비가 오다	21	short	짧은
9	prince	왕자	34	outside	바깥에	22	summer	여름
10	defeat	물리치다				23	vacation	방학
11	monster	괴물		**100일차**		24	end	끝나다
12	many	많은				25	week	주
13	animal	동물	1	keep	기르다	26	glue	풀로 붙이다
14	zoo	동물원	2	small	작은	27	stamp	우표
15	wait for~	~을 기다리다	3	snake	뱀	28	onto~	~위에
16	bus stop	버스 정류장	4	as ~	~로써	29	envelope	편지봉투
17	toad	두꺼비	5	pet	애완동물	30	Monday	월요일
18	look like~	~처럼 보이다	6	foreign	외국의	31	Tuesday	화요일
19	ugly	못생긴	7	visit	방문하다	32	spend	소비하다
20	frog	개구리	8	Korea	한국	33	money	돈
21	while ~	~동안	9	find	찾다	34	collect	수집하다
22	abroad	해외로	10	colorful	화려한	35	pharmacy	약국
23	job	직업	11	mushroom	버섯	36	open	열다
24	experience	체험	12	woods	숲	37	weekday	평일
25	round	둥근	13	perfect	완벽한			
26	center	중앙	14	place	장소			
27	wear	입다	15	elderly	연세가 드신			
28	thick	두꺼운	16	rest	휴식하다			
29	clothes	옷	17	garden	정원			
30	winter	겨울	18	full	가득찬			
31	suddenly	갑자기	19	beautiful	아름다운			